L'entraînement sportif

COLLECTION BAUDRY DE SAUNIER

OUVRAGES DÉJA PARUS

BAUDRY DE SAUNIER

L'Art de bien conduire une automobile.
Le Canon de 75.
Les Recettes du Chauffeur (2 vol.).
Sa Majesté l'Alcool.
Comment Paris a été détruit par l'aviation allemande.
L'Initiation à la T. S. F.

ANDRÉE BEAUJARD

Faites votre Pâtisserie vous-même.
Faites votre Confiserie vous-même.

HENRI BONNAMAUX

La Menuiserie pratique (2 vol.).

MAURICE PEFFERKORN

Le Football Association.

JACQUES DEDET

Le Football Rugby.

MARIA DURVILLE

La petite Médecine chez soi.
La petite Chirurgie chez soi.

LUCIEN JOUENNE

Pendant vos vacances, pêchez au bord de la mer.

CARLO TOCHÉ

L'Électricité moderne (3 vol.).

PIERRE MAILLARD

La Réparation des automobiles

JANE ARGER

Initiation à l'Art du Chant.

Dr BELLIN DU COTEAU ET M. PEFFERKORN

Les Sports Athlétiques.
L'Entraînement sportif.

PARAITRONT INCESSAMMENT

BAUDRY DE SAUNIER. — Principes fondamentaux de la T. S. F.
—   — Initiation à l'automobile.
—   — L'Électricité à bord des automobiles.
—   — Principes et finesses du réglage des magnétos.
—   — Mon peintre décorateur, c'est moi!

COLLECTION BAUDRY DE SAUNIER

Dr BELLIN DU COTEAU
et MAURICE PEFFERKORN

L'entraînement sportif

PARIS

ERNEST FLAMMARION, ÉDITEUR

26, Rue Racine, 26

PRÉFACE

Nous n'avons point, dans cette préface, à insister sur le rôle hygiénique du sport. D'autres, plus autorisés, ont établi l'influence indéniable des exercices physiques sur l'amélioration des races et des individus.

Les bienfaits du sport ne sont plus aujourd'hui contestés à ce point de vue; mais nous voudrions qu'ils ne le fussent à aucun autre.

Or le sport continue à souffrir beaucoup de ce fait qu'il fut, pendant longtemps, considéré comme un simple amusement. C'est ce qui lui a valu des partisans aussi nombreux, ceux qu'il amusait, et des ennemis beaucoup plus nombreux encore, ceux qu'il n'amusait pas et qui, naturellement, avaient la haine de l'amusement d'autrui.

❀ ❀

En réalité, il y a dans le geste sportif — les hygiénistes déjà l'ont établi — plus et mieux qu'un amusement : un dispensateur de santé.

Encore la santé n'est point tout, et de nombreux exemples peuvent être donnés de l'utilité sociale du sport.

Entre autres, les principes de son organisation et du fonctionnement de ses sociétés, où chacun se trouve d'abord sélectionné, puis orienté vers sa spécialité, enfin perfectionné dans cette spécialité même,

Le jour où ces principes trouveraient leur application dans toutes les branches de l'activité humaine, nul doute que de sérieux progrès ne soient enregistrés.

J'ai en préparation un livre, que je n'écrirai peut-être jamais, et qui s'appelle « le Bon Maquignon ». Le qualificatif de bon est mis là pour enlever au mot maquignon son sens défavorable. Je veux qu'il désigne un *connaisseur d'hommes*.

Un sportsman anglais, que j'ai pu apprécier sur les terrains athlétiques, possédait au plus haut degré cette qualité. Notons tout de suite cette particularité : qu'il était bienveillant. D'abord, parce que c'était son caractère ; ensuite parce qu'il savait que, pour être clairvoyant, il faut être bienveillant. Il faut avoir de la sympathie pour les idées comme pour les hommes, si on veut les comprendre. On parle des illusions de ceux qui aiment ; on devrait parler surtout des erreurs de ceux qui n'aiment pas.

Ce sportsman répétait volontiers que c'était notre hâte de juger les gens, et de les juger défavorablement, qui nous empêchait d'utiliser au mieux les ressources de chacun.

« Dans ce pays-ci, et dans le mien aussi d'ailleurs, ajoutait-il, on se presse trop de dire de son semblable qu'il est un imbécile. C'est amusant de porter rapidement sur son prochain un jugement définitif, surtout quand il n'est pas flatteur.

Hé bien ! Cet imbécile, même s'il est vraiment un imbécile, peut posséder une qualité que nous trouverions si nous ne l'examinions pas avec les yeux fermés de la malveillance; une qualité qui, développée, pourrait en faire un homme éminent dans une spécialité quelconque.

Et cette tendance se manifeste encore quand il s'agit d'une personnalité de la plus haute valeur. Vous n'avez de cesse que vous n'ayez trouvé son côté faible.

— « C'est un incomplet ! » dira-t-on.

Ou encore : « C'est un brouillon ! ».

Pourquoi ne pas essayer, plutôt, de compléter les incomplets et de débrouiller les brouillons? Non pas toujours en essayant de modifier leur nature, ce qui est difficile, mais en leur adjoignant des collaborateurs qui les complètent ou les débrouillent? »

Cette tâche appartient précisément au « bon maquignon », au « manager ».

Quand il se présente dans une société sportive — et nous ne parlons pas que des grands Clubs, qu'il serait par trop facile de donner en exemple, — quand il se présente un nouvel adhérent, les vieux, les connaisseurs, l'examinent.

Ils n'objectent pas :

« Tu es mal fichu ; tu as des jambes qui ne tiennent pas ; tu es voûté. ».

Ils le regardent avec attention, et se disent : « S'il est voûté, c'est peut-être parce qu'il n'est pas bien portant ; mais c'est peut-être aussi parce qu'il a de bons dorsaux. Ça, c'est excellent pour la boxe !

Cet autre est léger ; on en fera peut-être un coureur de fond.

Celui-là nous paraît un peu lourd, mais il a du coffre, des muscles ; il fera merveille dans une course de cent mètres,

En voilà un autre qui est taillé en sauteur !

En voilà un qui sera un bon lanceur de poids ! »

... Ai-je besoin d'insister, et de montrer ce que cette façon de juger les hommes peut avoir de profitable à la communauté ?

❀ ❀

Hélas ! Il faut avouer que les compétences ne sont point légion, et que bien souvent toutes les occasions ne leur sont point données d'extérioriser leur valeur vraie.

Je n'en veux pour preuve que l'histoire assez piquante que racontait un vieux chroniqueur sportif, mort aujourd'hui, et qui s'appelait Ernest Mousset.

On avait construit au Champ de Mars un vélodrome officiel, dit « Piste de l'Éducation Physique ».

Les personnes que l'on avait chargées de cette construction n'étaient pas très expertes dans la spécialité. Elles n'avaient probablement jamais vu se disputer de courses de vélos. En fait, une prise d'eau subsistait sur la piste même, le long de la corde, de sorte que les coureurs, au lieu d'aller en droite ligne, auraient été obligés de contourner cette plaque de fonte.

On rectifia le tracé, et l'on dessina la piste de telle façon que la prise d'eau se trouvât sur la pelouse intérieure.

Cette légère modification une fois faite, une commission, composée d'un certain nombre d'ingénieurs du ministère de l'Agriculture, qui portaient des disques rouges sur une grande partie du revers de leur jaquette, alla « recevoir » la piste.

On avait adjoint à cette commission quelques spécialistes, dont mon confrère Mousset, un garçon assez modeste d'aspect, dont la boutonnière était restée stérile.

Tout le monde sait aujourd'hui que les virages, dans les pistes vélocipédiques, sont relevés, la corde extérieure se trouvant à un niveau sensiblement plus élevé que la corde intérieure, de façon à combattre la force centrifuge et permettre aux coureurs de virer en pleine vitesse.

A cette époque on ne possédait pas encore de données mathématiques exactes pour calculer la pente de ces virages. On procédait empiriquement. Au fur et à mesure que, par suite de perfectionnements nouveaux, la vitesse des bicyclettes s'était accrue, on avait construit de nouvelles pistes dont les virages étaient plus relevés.

La piste de l'Éducation Physique présentait des virages relevés suivant une pente insuffisante. C'était visible à l'œil nu pour toutes les personnes qui s'étaient un peu occupées de sport vélocipédique. Mon ami Mousset le fit remarquer aux ingénieurs, qui le toisèrent avec un certain étonnement et se demandèrent quelle qualité il avait pour se permettre une telle objection.

Un des ingénieurs voulut bien laisser tomber ces paroles : « La pente du virage a été soigneusement calculée. »

Je répète qu'à cette époque il n'existait pas de base mathématique pour construire les virages. Aussi mon ami Mousset demanda-t-il, avec un certain étonnement, d'après quelle règle cette pente avait été établie.

Il reçut cette réponse magnifique :

— « D'après le relèvement des massifs de géraniums ».

Il ne restait plus qu'à s'incliner devant cette déclaration des compétences...

※ ※

Les compétences, les techniciens, les bons maquignons, sont rares. C'est pourquoi — ne pouvant se répandre ici, là et ailleurs — ils doivent emprunter la plume pour vulgariser leur pensée et faire profiter de leurs conseils le plus grand nombre.

Ce livre de mes amis Bellin du Coteau et Pefferkorn est écrit par deux « as » de la culture physique. Le premier a été un de nos plus fameux champions de France ; il s'est brillamment comporté aux Jeux Olympiques. Le second a été un de nos capitaines de football les plus réputés ; son nom signifiait victoire.

Je ne sais ce qu'il faut louer le plus de leur expérience du sport, de leur savoir et de leur sens critique. J'insiste toutefois sur cette dernière qualité, car je sais qu'elle n'est pas la plus commune parmi les apôtres du sport.

J'ai eu, avec Bellin du Coteau, de nombreux entretiens sur le sport et la culture physique, et j'ai pu constater qu'il n'était pas le fanatique d'une théorie.

Tristan Bernard,

CHAPITRE PREMIER

Les origines du Sport

CONCEPTION MODERNE DU SPORT Les Sports athlétiques n'ont pas d'histoire à proprement parler. Ou plutôt ils ont été de tout temps si mêlés à la vie humaine que l'étude de leurs origines constituerait une œuvre qui se suffirait à elle-même ; elle sortirait d'ailleurs du cadre de cet ouvrage.

Quiconque produit un effort fait du sport, un peu comme M. Jourdain faisait de la prose, sans le savoir. Les premiers exercices que l'homme a accomplis l'ont été dans un but de défense naturelle, ou de conservation. Lorsque, dans les forêts préhistoriques, il s'agissait pour lui d'échapper à la poursuite d'un animal, notre ancêtre courait, grimpait et sautait. Il courait, grimpait, et sautait également pour poursuivre à son tour l'animal plus faible qui devait le nourrir de sa chair.

La lutte pour la vie fut donc, à l'origine, à la base du sport.

En est-il, à vrai dire, autrement aujourd'hui? Est-ce que l'homme moderne qui pratique le sport n'agit point pour devenir plus fort et dominer son semblable? Inconsciemment ou non, tel est bien le mobile qui le fait agir.

Ce qui semble caractériser toutefois le sport moderne, c'est la recherche de *l'effort pour l'effort*, pour la rareté de la performance, pour le souci de reculer les limites de la puissance humaine. Le record n'est en somme qu'une des manifestations de l'orgueil humain : il entre pour une grande part dans le sport moderne.

DÉFINITION DE L'ATHLÉTISME PUR

Lorsque nous employons le mot « athlète », nous n'entendons désigner que le pratiquant des exercices de *course*, de *saut* et de *lancer*.

Ce mot avait, chez les Grecs, un sens plus général et s'entendait pour tous les exercices de force et d'adresse. De nos jours, il s'applique aussi, si l'on veut, à tous les pratiquants d'un sport quelconque. Mais l'athlète par excellence est celui qui court, qui saute ou qui lance.

L'athlétisme proprement dit n'englobe que les *courses*, les *sauts* et les *lancers*. Lutter contre des *temps*, des *longueurs* et des *poids*, telle est la formule moderne du sport, qui s'exprime scientifiquement, en unités C. G. S. oserons-nous dire.

Les athlètes de jadis ne se souciaient guère que d'arriver avant leurs concurrents, de sauter ou de lancer plus haut ou plus loin qu'eux. Mais les temps et les distances ne les intéressaient pas par eux-mêmes. Il y avait moins de philosophie dans leurs délassements. Le petit athlète d'aujourd'hui, qui, montre ou mètre en main, s'efforce d'améliorer son temps, son saut ou son jet, procède donc d'après des méthodes scientifiques et philosophiques. Il est le fils de son siècle.

Fig. 1. — JEAN BOUIN. — Jean Bouin, le glorieux athlète français, tué au début de la guerre, s'attribua le record du monde de l'heure à pied, couvrant 19 kilomètres, 21 mètres, 90 centimètres. Cette performance fut réalisée à Stockholm, au stade Olympique, en août 1913.

ATHLÈTES D'AUTREFOIS ET D'AUJOURD'HUI

Il y avait certes de l'idéalisme dans les desseins qui poussaient les athlètes à gagner dans les jeux antiques. Recevoir la couronne d'olivier ou de pin devant tous les Grecs assemblés, constituait en soi une récompense d'une haute valeur morale. Mais, pour l'obtenir, l'entraînement était sévère ; si sévère même que l'athlétisme devint rapidement une profession. Celle-ci eut même ses détracteurs, comme le médecin Galien qui traitait de « brutes », ni plus ni moins, ces athlètes professionnels. Et le législateur Solon promulgua de nombreuses lois, autant pour réglementer les choses de la Gymnastique que dans le but de préserver le peuple de l'abrutissement vers lequel le conduisait un engouement exagéré pour les exercices corporels.

Il convient de remarquer d'ailleurs que les athlètes vainqueurs dans les Jeux jouissaient d'avantages plus ou moins matériels. Les vainqueurs antiques passaient véritablement pour de grands hommes dans leur patrie. On les portait en triomphe ; les poètes chantaient leurs exploits. On gravait leurs noms sur des tables de marbre, ils présidaient aux Jeux publics, ils étaient exempts des fonctions civiques.

Mais il y avait mieux ; leur patrie les nourrissait pendant le reste de leur vie et leur fournissait une pension de 500 drachmes environ, soit environ 1.500 francs.

Peintres et sculpteurs, avons-nous dit, ne se faisaient pas faute d'immortaliser les athlètes, pour autant qu'eux-mêmes avaient des chances de passer à la postérité. Pindare utilisa son talent, pour ainsi dire exclusivement, à ce

Fig. 2. — LE FRANÇAIS GÉO ANDRÉ DANS LE LANCEMENT DU POIDS. —
G. André, notre grand athlète complet, est recordman de France du
120 et du 400 mètres haies et du saut en hauteur sans élan.

genre d'exercices. Et nombreux furent les sculpteurs qui fixèrent dans le marbre le souvenir des grands athlètes.

Cependant les Jeux publics étaient ouverts à tous, pourvu qu'on fût honorable. Et si l'on vit parfois des athlètes inconnus, laboureurs et bergers, esclaves affranchis même, se révéler soudain sans avoir fréquenté les gymnases, l'on cite aussi les noms des fils de rois ou des personnages de la République, qui s'alignèrent pour disputer la palme aux professionnels. De tout temps l'amateurisme a réussi à mettre en échec le professionalisme.

Il est certain que de nos jours l'athlète jouit d'une considération moins grande. Certes, dans les grandes réunions sportives, la foule clame son nom et applaudit à ses performances. Mais, à de rares exceptions près, la profession ne nourrit pas son homme. Nos poètes et romanciers modernes, tout occupés de psychologie ou d'autre chose, dédaignent de chanter les exploits de nos champions. L'État ne s'intéresse pas à leur sort et leur laisse le soin de pourvoir aux besoins de leurs vieux jours. Et si la statuaire a négligé d'illustrer le corps de nos champions, c'est sans doute que bien d'autres sujets tentent ses ciseaux, mais c'est aussi que l'athlète est dans nos cités un personnage assez maigre.

Nous avons d'ailleurs d'autres principes. Il importe moins en effet dans nos démocraties de mettre en vedette les êtres d'exception que d'assurer l'avenir de la race. Il faut croire que cette dernière préoccupation entre pour une grande part dans les soucis de ceux qui nous gouvernent à en juger par les innombrables morceaux oratoires où elle s'est manifestée.

LA PRÉPARATION DES ATHLÈTES

LES MÉTHODES MODERNES ET CELLES DE L'ANTIQUITÉ De nos jours l'entraînement et la préparation athlétiques sont soumis à des règles, que nous examinerons plus loin et que les études anatomiques et scientifiques de tout ordre ont permis d'établir peu à peu. Il est assez curieux de comparer nos méthodes modernes à celles qui furent en honneur dans l'antiquité, et que nous allons retracer brièvement.

Nous avons dit que des inconnus se révélaient pour ainsi dire sans préparation aux Jeux Olympiques. C'était là une exception. En général la préparation olympique était très minutieuse. Pour espérer figurer dignement aux Jeux publics, il fallait s'astreindre à un labeur considérable dans des gymnases, des *palestres*. Ces établissements étaient très fréquentés ; le public était admis à y contempler le travail des athlètes, qui s'y montraient particulièrement assidus dix mois avant la célébration des Jeux. Et lorsque ceux-ci étaient proches, les concurrents se rendaient à Olympe même où, pendant un mois, ils prenaient l'air du stade et s'acclimataient an décor et au milieu.

Les gymnases de la Grèce antique. Chaque ville possédait un ou plusieurs gymnases. Athènes en avait trois particulièrement importants : le Lycée, l'Académie et le Cynosarge, où enseignaient aussi des philosophes réputés comme Aristote, Platon, Socrate et Diogène.

Nous ne connaissons pas la technique de l'entraînement chez les Grecs. Mais il n'y a pas de doute qu'elle devait être poussée très loin ; car on ne s'attache pas si assidûment à des travaux sans y acquérir des principes, des méthodes, et le souci du perfectionnement.

Plusieurs siècles de pratiques athlétiques n'ont pas été sans donner aux Grecs un code d'entraînement. La technique dont nous nous recommandons aujourd'hui, pour si perfectionnée qu'elle se vante d'être, n'est sans doute pas plus parfaite que celle que les Grecs avaient établie et améliorée. Ils étaient gens d'observations ; cela justifie nos suppositions. Il est regrettable que rien, ou à peu près, ne nous ait été transmis de l'entraînement athlétique chez eux.

L'alimentation des athlètes.

Nous n'ignorons pas tout cependant. Nous connaissons au moins les mœurs des athlètes antiques. Et parmi celles-ci il en est qui nous étonnent franchement.

Comment en effet n'être pas vraiment scandalisé de la façon dont se nourrissaient les champions de la grande époque? Le moins qu'on puisse dire de leur appétit, c'est qu'il était formidable. Ne nous attardons pas à discuter la légende qui veut que Milon de Crotone, un lutteur il est vrai, ne s'avouait pas satisfait tant qu'il n'avait pas absorbé à son repas 20 livres de viande, autant de pain, et environ 7 ou 8 litres de vin !

Mais il est avéré qu'un athlète grec mangeait normalement à ses repas 2 livres de viande et autant de pain.

Quelle triste figure fait en tout ceci la méthode végétarienne qui rencontre tant d'adeptes de nos jours ! Et que nous sommes loin des viandes grillées, des mets légers et sucrés, de la cuisine délicate, vers lesquels nos modernes managers portent toute leur attention !

L'endurance physique et le massage.

Cette boulimie se justifiait en partie par la rigueur des épreuves qu'on faisait endurer aux candidats des Jeux publics.

Les exercices de l'entraînement étaient violents et prolongés, particulièrement en ce qui concerne les lutteurs ; pour les endurer, ceux-ci prenaient soin de se faire oindre et frictionner ; mais, comme les onctions rendaient les corps glissants et d'une prise difficile, les athlètes se roulaient ensuite dans la poussière des gymnases. Parfois aussi l'onguent à base d'huile, de cire et de poussière était tout préparé.

Les athlètes se présentaient ainsi devant leurs adversaires, le corps enduit d'une véritable boue qui, au demeurant, les préservait d'un refroidissement, lorsque leurs exercices étaient terminés. Alors ils prenaient un bain et se faisaient gratter la peau au moyen de strygilles.

Nos modernes athlètes sont plus raffinés. Et s'ils ont également le souci de l'endurance physique, ils l'obtiennent par des procédés moins barbares. Nous sommes persuadés que le massage a fait de grands progrès depuis l'antiquité grecque.

Ajoutons enfin que les athlètes d'autrefois se livraient à leurs exercices dans la plus complète nudité. Au début ils portaient ceinture, écharpe ou tablier. Mais, à la suite d'un accident survenu à un coureur, Orsippe, dont la ceinture en se dénouant avait entraîné la chute, ce léger ornement fut supprimé vers la 15ᵉ olympiade. La pudeur des assistants n'en fut pas autrement gênée.

LES JEUX ANTIQUES

La course. La course obtint rapidement une place de choix dans les Jeux publics, et particulièrement à Olympie, où elle fut longtemps seule en honneur. Nous ne parlerons point des courses de chars et des courses à cheval, qui furent cependant très en faveur ; nous nous contenterons d'indiquer rapidement comment se disputaient les courses à pied.

La course se pratiquait dans les stades ; et la longueur du stade constituait une unité de mesure. Celui d'Olympie mesurait 185 mètres. Cette distance a été retenue de nos jours ; et certains de nos clubs l'ont souvent portée à leurs programme.

Les courses étaient de trois sortes : *de vitesse, de demi-fond,* et *de fond.*

La course de vitesse consistait à parcourir une seule fois la longueur du stade. On l'appelait *course du stade* ; elle est analogue à notre course de 100 ou 200 mètres plat.

La course de demi-fond, nommée *Diaule,* qu'on peut comparer à notre course de 400 mètres, consistait à parcourir le stade deux fois, dans le sens de l'aller et du retour, de façon à revenir au point de départ.

Enfin la course de fond variait, selon les historiens, de 1.500 à 5.000 mètres. On la nommait *Dolique.*

Mais il existait, en dehors du stade, des exploits individuels, de courses-records, pourrions-nous dire, où les coureurs tentaient des performances susceptibles de les illustrer.

Un des soucis des coureurs antiques était celui de la rate. Ils lui imputaient la plupart des inconvénients et des incommodités qui pouvaient les handicaper. Ils cherchaient à tout prix à en éviter la congestion.

C'est ainsi qu'ils absorbaient des décoctions de certaines plantes dont la vertu supposée était de diminuer le volume de la rate, et même de la supprimer complètement. Cette pratique était courante.

Certains allèrent même jusqu'à s'abandonner à des opérations chirurgicales, qui consistaient à extraire la rate purement et simplement.

De nos jours l'influence de la rate n'est guère admise. Cependant la croyance populaire n'a peut-être pas tout à fait renoncé à ce préjugé dont on trouve trace dans des locutions vulgaires : courir comme un dératé, et se fouler la rate.

Notons enfin, que si la plupart des coureurs opéraient dans le simple appareil de la nudité, d'autres se voyaient imposer des armes dans leurs exercices. Les hoplitodromes, comme on les appelait, coiffés d'un casque et munis d'un bouclier, les pieds chaussés, ne furent cependant admis que très tard à prendre part aux Jeux Olympiques.

Les sauts. Il semble bien que le saut n'ait pas été en honneur chez les Grecs au même titre que la course, le pugilat ou la lutte. Il importait avant tout de sauter haut, loin, ou... profond. Pour cela on recourait volontiers aux méthodes acrobatiques, absolument proscrites de nos jours, et l'on se servait couramment d'haltères.

Fig. 3. — LE FRANÇAIS PIERRE FAILLIOT. — Il détient le record de France du 400 mètres plat avec le temps de 49 secondes.

Les règlements modernes exigent au contraire que les sauts soient exécutés par des moyens purement humains, en dehors de tout adjuvant mécanique. Et, même dans le saut à la perche, les qualités naturelles de souplesse et de détente doivent seules intervenir.

Les exploits les plus fameux des sauteurs que les historiens nous aient légués sont de l'ordre de 15 à 19 mètres. Mais il n'y a pas de doute qu'il s'agisse là de ce que nous appelons des triples sauts, exécutés avec des haltères. Les meilleurs sauteurs américains accomplissent aujourd'hui des performances équivalentes par leurs propres moyens.

L'emploi des haltères était considéré comme excellent pour le développement des muscles du bras. Aussi les trouvait-on dans tous les palestres. Mais cela même montre bien que le saut était plutôt considéré comme un excellent moyen de culture physique que comme un but proposé à des spécialistes.

On pratiquait même le saut en profondeur, qui n'est ni plus ni moins que la négation même du saut. Le saut en profondeur, en effet, ne signifie rien, quant à la valeur musculaire d'un individu ; il est simplement un témoignage d'audace, voire de folle témérité. On conçoit bien qu'en effet aucune limite ne s'impose dans ce genre d'exercices. Et le fait que le record, tel que nous le concevons, y est impossible, est bien le critérium qui permet de condamner ce jeu en tant que sport.

Les variétés de saut étaient nombreuses chez les Grecs. On sautait au travers de cerceaux, par dessus des cordes ou des épées, ou bien encore sur une outre gonflée d'air, enduite extérieurement d'huile ou de graisse, sur laquelle il s'agissait de se maintenir. De tels exercices relèvent, on le voit, du cirque plutôt que du stade. Aussi le saut n'était-il guère estimé. Et cependant le saut en longueur était admis aux Jeux Olympiques où il constituait l'une des épreuves du pentathle.

Le disque. Le lancement du disque est un des exercices les plus anciens que les Grecs aient pratiqués. Et il fut inscrit au programme des premiers Jeux Olympiques.

A travers les siècles, le disque varia de forme et de poids. Mais la forme et le poids classiques du disque sont sensiblement les mêmes que ceux qui sont admis de nos jours.

C'était un cercle de métal ou de bois, dont le diamètre était de 32 centimètres environ et dont l'épaisseur variait de 8 à 11 centimètres; il pesait 2 kilos. Les meilleurs discoboles expédiaient couramment cet ustensile à 35 mètres.

La technique du lancement du disque était également semblable à celle que nous connaissons. Il n'y a pas de doute d'ailleurs que nos athlètes modernes se soient attachés à faire revivre cet exercice avec une vérité toute particulière. Et quand on contemple la fameuse statue du Discobole du sculpteur Myron, on est frappé de voir combien la ligne et le mouvement du lanceur se rapprochent de ceux de nos modernes spécialistes.

Il est cependant certain que l'on a ajouté quelques perfectionnements à cette technique. C'est ainsi que les discoboles anciens ne tournaient pas pour envoyer au loin leur ustensile. Ils tenaient le disque contre la paume et l'avant-bras, le faisant reposer sur l'extrémité des doigts recourbés (cette manière de tenir un disque est d'ailleurs éternelle) ; mais ils se contentaient ensuite de prendre avec leurs jambes une assise solide sur le sol, de balancer le bras chargé du disque en lui faisant décrire plusieurs tours horizontalement ; le disque partait ensuite, lancé par le corps entier autant que par le bras.

Si le disque s'échappait de la main au moment où il allait être lancé, le discobole était éliminé. De nos jours, le lanceur est astreint à prendre l'élan de son corps à l'intérieur d'une circonférence tracée sur le terrain, et qu'aucune partie de l'individu ne doit toucher terre en dehors de ce cercle, avant que le disque ne soit lui-même en contact avec le sol à son point de chute.

Le javelot. Le javelot n'est que de réapparition assez récente dans les jeux modernes. Long- temps on négligea de renouveler sa pratique.. Sans doute cela tient à ce que, considéré plutôt comme une arme guer- rière que comme un engin de sport, il apparut à nos contem- porains un peu comme un anachronisme. Il put en effet avoir quelques succès jadis, dans le domaine de la balis- tique. Mais on avouera que, de nos jours, il a été largement remplacé, trop largement hélas ! On n'attaque plus guère l'ennemi à la flèche ou à la lance. Les armes effrayantes de l'infanterie ou de l'artillerie, les gaz asphyxiants mêmes, ont ridiculisé le javelot en tant qu'outil de guerre.

Mais on a pensé ensuite que le lancement du javelot méritait d'être considéré comme un sport pur et simple. Toutefois la faveur dont ce sport jouit en France est encore bien mince. Et nos exploits ne souffrent pas la comparaison avec ceux des Finlandais et des Américains (1).

Chez les Grecs, le maniement du javelot faisait donc partie de l'éducation militaire. Il n'empêche qu'il fut un des sports les plus en honneur aux Jeux Olympiques, où il figurait au programme du Pentathle, comme le lancement de la grenade a figuré vers la fin de la guerre aux programmes de nos réunions athlétiques.

Le javelot, avons-nous dit, ressemblait fort à la lance des guerriers ; mais il était plus léger. L'athlète qui le lançait se tenait raide, le bras en l'air, l'épaule un peu en arrière, les jambes écartées comme pour le lancement du disque. Puis, après l'avoir fait tournoyer en tous sens, il le projetait en se soulevant sur la pointe des pieds.

La technique de ce sport a été considérablement modifiée depuis le temps des Grecs. De nos jours, le lanceur de javelot prend un élan de plusieurs mètres, élan pendant lequel il tient son arme verticale, la flèche dirigée vers le haut, et il l'expédie ensuite suivant une trajectoire d'environ 45 degrés au départ, reconnue en mécanique comme trajectoire de meilleur rendement.

Enfin, dans l'antiquité, le javelot était un jeu d'adresse, alors qu'aujourd'hui, il constitue plutôt un exercice de force. Il s'agissait de frapper un but lointain ; aujourd'hui, il importe d'envoyer le plus loin possible mais sans but à atteindre.

Il est d'ailleurs assez curieux de remarquer que l'adresse

---

(1) Voir la table des records publiée dans l'ouvrage *les Sports athlétiques*, par le Dr Bellin du Coteau et Maurice Pefferkorn (même Collection).

n'intervient que peu ou prou dans nos jeux proprement athlétiques. Dans les sports d'équipe, elle joue un rôle prépondérant (1). Mais, dans l'athlétisme pur (course, sauts et lancer), elle n'est pas récompensée. Il n'est pas recommandé d'être adroit ; simplement il suffit de n'être pas maladroit. Dans ces sports, le temps et l'espace sont seuls considérés ; leur critérium est la force, la souplesse et la détente.

La technique de chacun de ces sports fait l'objet d'un ouvrage spécial de cette même collection : *Les Sports Athlétiques*. Nous étudierons, ici, l'entraînement du corps humain aux exercices physiques, sa préparation générale, son hygiène athlétique. Il est en effet des préceptes universels qu'il est bon que l'on connaisse, quelles que soient les spécialités vers lesquelles on désire s'orienter.

Cette théorie de l'entraînement sportif est bien méconnue. Il est de la plus haute importance d'en fixer les bases.

---

1. Voir dans la même Collection *Le Football Association*, de M. Maurice Pefferkorn, et *Le Football Rugby*, de M. Jacques Dedet.

CHAPITRE II

Les Jeux Olympiques

LEUR ORIGINE C'est environ 800 ans avant l'ère chrétienne, que fut organisée, en Grèce, la célébration des Jeux Olympiques. Mais leur véritable origine est beaucoup plus ancienne. La légende raconte qu'ils furent institués par Hercule en l'honneur de Jupiter, dans une petite plaine d'Élide bornée par le mont Olympe, le fleuve Alphée et le Cladeus, affluent de l'Alphée. Puis ils furent abandonnés à la suite de l'invasion dorienne. En 828 avant Jésus-Christ, Iphitus, roi d'Élide, instruit par un oracle de Delphes, les rénova, leur donna une réglementation et un protocole, en détermina la périodicité.

Le nom d'Olympie ne désignait point une ville, mais une réunion de temples et de monuments publics érigés successivement dans la plaine d'Élide à l'occasion des Jeux qui s'y disputaient. De tout temps, ceux-ci eurent un caractère national et religieux. Les plus graves événements n'en interrompaient point le cours. Et même les hostilités entre nations hélléniques étaient suspendues pour permettre la célébration des Jeux à la date indiquée. Ce fait, à lui seul montre, l'importance qui était attachée à cette manifestation athlétique, dont l'autorité était assez grande pour déterminer une trêve chez les combattants. Les Éléens envoyaient alors dans toute la Grèce des hérauts pour proclamer cette paix, qui devait durer un mois, et pendant laquelle le territoire de l'Élide était inviolable. Une seule fois les Spartiates enfreignirent cette loi, au cours de la 90e Olympiade. Ils eurent à payer une amende très lourde.

Jusqu'en l'an 394 de notre ère, les Jeux Olympiques se disputèrent tous les quatre ans. L'empereur Théodose les interdit alors, car ils étaient aux yeux des Chrétiens l'expression la plus vive du paganisme. L'espace de quatre années pleines qui séparait les Jeux constituait une *Olympiade*. Les Jeux commençaient le onzième jour du mois d'Hécatombéon, le 27 juillet pour fixer les idées. De tous les points de la Grèce on accourait alors à Olympie pour célébrer cette fête nationale. Les athlètes qui s'alignaient dans le stade devaient être de pure race grecque. Les étrangers étaient admis simplement comme spectateurs et les esclaves, impitoyablement exclus. Et même de nationalité grecque, les concurrents devaient réunir certaines conditions ; leur casier judiciaire devait être vierge. Plus tard les colons de race grecque qui habitaient l'Asie, l'Afrique ou l'Europe furent admis à figurer aux Jeux comme acteurs. Et, après l'asservissement de la Grèce par les Romains, ceux-ci purent aussi y disputer des prix. C'est ainsi que les empereurs Tibère et Néron, entre autres, inscrivirent leur nom au palmarès olympique.

Enfin, à l'exception de la prêtresse de Cérès, il était interdit aux femmes d'assister aux Jeux, et même de traverser le fleuve Alphée pendant tout le temps que durait leur célébration. Une loi condamnait à être précipitées du haut d'un rocher celles qui transgressaient cet ordre. Les historiens ne citent qu'un cas où cette défense fut enfreinte.

Mais il fut pardonné à la coupable parce qu'elle n'avait pu résister à l'orgueilleux désir de voir couronner son père, ses frères et son fils. Toutefois il était permis aux femmes d'envoyer à Olympie des chars pour la course.

Et puis, peu à peu, l'on renonça à la sévérité des premiers temps. Le stade fut ouvert à tout le monde. Le nombre des spectateurs était considérable. Les divers États de la Grèce s'y faisaient représenter par tout ce qu'ils comptaient de citoyens illustres et honorés. Et le commerce en tirait avantage, car de tous les points du sol héllénique les marchands accouraient en nombre.

LEUR ORGANISATION. Dans les Jeux Olympiques, on distinguait deux parties : les jeux proprement dits et les cérémonies. Celles-ci se composaient de processions, de sacrifices aux dieux et de banquets en l'honneur des vainqueurs, qui recevaient une couronne de l'olivier sauvage dont la plantation était attribuée à Hercule. La cérémonie se terminait par des chœurs qui entonnaient des chants sacrés composés en l'honneur des dieux et des vainqueurs.

A l'origine, les Jeux Olympiques ne comprenaient qu'une course de vitesse et se disputaient en une seule journée. Mais, à la quatorzième Oympiade, l'on introduisit la course de demi-fond. Peu à peu le programme se chargea et l'on vit apparaître successivement la course de fond, la lutte et le pentathle, le pugilat, la course de chars, la course à cheval, le pancrace, la course des hoplites. De plus en plus éclectiques, les organisateurs réservèrent ensuite des courses aux chars attelés de mulets, de poulains, de juments. Puis, les enfants eurent des épreuves spéciales. Enfin, les hérauts et les trompettes furent autorisés à concourir dans leurs spécialités.

Il est bien évident que dans ces conditions la durée des Jeux dut être augmentée. Vers la 77ᵉ Olympiade, ils duraient cinq jours. Le premier jour était réservé à des sacrifices, au classement des concurrents, au concours des trompettes. Le second jour, les enfants disputaient les courses et les luttes. Le troisième jour était celui des épreuves réservées aux hommes faits. Le quatrième jour avaient lieu le pentathle, les courses de chars et les concours de hérauts. Enfin le cinquième jour était consacré aux sacrifices, aux processions et aux banquets.

La direction et la présidence des Jeux étaient confiées à des magistrats spéciaux nommés Hellanodices, que le sort désignait, et qui remettaient leurs pouvoirs à l'issue des fêtes. Ils étaient vêtus de pourpre, surveillaient le stade, décernaient les prix.

Enfin les Jeux Olympiques fournissaient aux écrivains et aux artistes l'occasion de faire connaître leurs œuvres. Les écrivains y lisaient leurs manuscrits ; les sculpteurs et les peintres y exposaient leurs statues et leurs tableaux. C'est ainsi, dit-on, qu'Hérodote lut son histoire à la Grèce assemblée. Mais il faut souligner que ces manifestations artistiques ne faisaient point partie du programme des fêtes et ne donnaient point lieu à des concours.

LES AUTRES JEUX DE LA GRÈCE — Les Jeux Olympiques étaient les plus illustres de toute la Grèce. Mais d'autres avaient aussi une grande renommée, qui venaient s'intercaler dans les Olympiades.

— *Les Jeux Isthmiques*, créés par Lisyphe en l'honneur de Mélicerte et placés ensuite par Thésée sous le patronage de Neptune, furent, à partir de la 49e Olympiade, célébrés tous les trois ans dans l'isthme de Corinthe. Ce fut au cours de ces jeux que, l'an 196 avant Jésus-Christ, le consul Flaminius proclama l'indépendance de la Grèce. Le programme de ces jeux était semblable à celui des Jeux Olympiques ; mais on y ajouta des concours de poésie et de musique auxquels les femmes pouvaient prendre part.

— Les *Jeux Néméens* se célébraient au bourg de Némée, dans l'Argolide, en l'honneur d'Archémore, fils du roi Némée, tué par un serpent. Mais une autre légende veut qu'ils aient été institués par Hercule en l'honneur de Jupiter, à l'occasion de sa victoire sur le lion de Némée. Dans le principe, ils eurent un caractère exclusivement militaire. Les juges étaient vêtus de robes noires. La célébration de ces jeux avait lieu au commencement de la seconde année de chaque Olympiade. C'est au cours de ces jeux que le consul Flaminius, décidément spécialiste en la matière, proclama la liberté des Argiens.

— Les *Jeux Pythiques* se célébraient dans le voisinage de Delphes en l'honneur d'Apollon. La plaine de Crissa, où ils avaient lieu, renfermait à cet effet un hippodrome, un stade et un théâtre. Ils revinrent d'abord tous les neuf ans, puis tous les quatre ans, comme les Jeux Olympiques et pendant la troisième année de l'Olympiade. Sous le rapport des concours musicaux et poétiques, ils l'emportèrent sur tous les autres Jeux de la Grèce.

Tous ces jeux, olympiques, néméens, isthmiques et pythiques étaient communs à toutes les races helléniques. Avec la langue ils constituèrent le seul lien commun qui unissait ces peuples.

LES JEUX ROMAINS

ILS N'EURENT JAMAIS L'ÉCLAT DES JEUX DE LA GRÈCE Les Jeux athlétiques n'eurent jamais, à Rome, l'importance et l'éclat qu'ils revêtaient en Grèce. Les Romains, peuple avant tout guerrier et conquérant, n'estimaient les exercices du corps qu'autant qu'ils pouvaient servir leurs desseins belliqueux. Ils préféraient, de beaucoup, les combats du cirque qui sont évidemment très inférieurs dans l'ordre de la civilisation.

Qu'il s'agisse des Jeux Appolinaires, des Jeux d'Auguste, des Jeux de Bacchus, des Jeux Capitolins, des Jeux Floraux, des Jeux Romains ou des Jeux Mégalésiens, ils n'offrent qu'une ressemblance très lointaine avec les Jeux dont la Grèce s'enorgueillit.

Cependant vers la fin de la République romaine, l'on vit s'implanter chez les citoyens riches la mode d'installer dans leurs villas des gymnases ou plutôt des palestres. On attribue à Néron la création, à Rome, du premier gymnase public. Mais ces tentatives n'eurent que peu de succès. Et les Romains ne brillèrent jamais par le culte de l'athlétisme pur.

LES JEUX OLYMPIQUES MODERNES

LEUR ORIGINE ET LEUR HISTOIRE Le culte des exercices corporels qui fut en si grand honneur dans la Grèce antique disparut à peu près complètement de la surface de la terre avec l'interdiction de l'empereur Théodose. Du moins ils mirent longtemps à bénéficier de nouveau de l'intérêt des pouvoirs publics et à jouir d'une organisation sérieuse.

L'on doit en grande partie à l'Angleterre cette renaissance, avec la création des sports modernes et les essais de codification de l'athlétisme.

L'IDÉE D'UN FRANÇAIS Le rétablissement des Jeux Olympiques a été proclamé en 1894, le 23 juin, par les soins d'un Français, Pierre de Coubertin. Ce n'est point seulement par amour de la Grèce que notre compatriote consacra une partie de sa vie à la rénovation des Jeux Olympiques. Il voyait en eux un moyen de réunir périodiquement les peuples, de leur apprendre à se connaître et par conséquent à se détester moins, sinon à s'aimer.

Il se peut en effet que l'éclat de plus en plus grand que les nations du monde entier rêvent de donner aux Jeux Olympiques soit un facteur important de paix universelle. Les peuples ne peuvent se passer de se combattre : les Jeux Olympiques leur sont un moyen de donner libre cours à leurs ardeurs belliqueuses. Puisse ce moyen l'emporter un jour sur tous les autres !

Les Jeux Olympiques modernes se disputent tous les quatre ans, comme ceux d'autrefois. Leur organisation est successivement confiée par le Comité Olympique International, à l'un des Comités Olympiques nationaux, avec charge à celui-ci de les faire disputer dans une ville bien déterminée qui peut fort bien ne pas être la capitale de la nation choisie. Et, cette ville étant désignée, il n'est pas au pouvoir du Comité national de la changer. C'est ainsi que le C. O. I. ayant décidé en 1921, à Lausanne, que les Jeux de 1924 seraient disputés à Paris, cette ville ayant d'autre part, éprouvé quelques difficultés à en assurer l'organisation, l'on crut qu'il serait possible de les attribuer à une autre cité française ; il fallut renoncer à ce dessein.

Les premiers Jeux Olympiques modernes eurent lieu à Athènes, en hommage et souvenir de l'antiquité grecque. En 1900, ils eurent lieu à Paris, en 1904 à Saint-Louis, en 1906 à Athènes encore (mais ce furent des Jeux Olympiques hors série si l'on peut dire), en 1908 à Londres, en 1912 à Stockholm, en 1920 à Anvers. Berlin avait été choisi pour la célébration des Jeux de 1916. Ceux de 1928 auront lieu à Amsterdam.

Le succès de ces Jeux alla toujours croissant, comme la vogue du sport lui-même. Aujourd'hui, ils ont acquis tant d'importance, non seulement aux yeux des sportifs, mais aussi aux yeux des peuples et de leurs gouvernements que toutes les nations briguent à l'envi l'honneur de se les voir attribuer.

Peu à peu, ils tendent à prendre dans le monde l'importance qu'ils avaient autrefois en Grèce. S'ils n'ont plus évidemment le caractère religieux et sacré des Jeux

(Cliché Rol).

Fig. 5. — LE STADE OLYMPIQUE D'ATHÈNES. — Cette photographie a été prise lors de l'ouverture des Jeux Olympiques d'Athènes er. 1906.

de l'ancienne Grèce, ils prennent cependant la forme d'une des plus imposantes manifestations de l'activité sociale. Et, déjà, ils sont plus qu'une vaste foire internationale du muscle humain. Le mouvement de curiosité et de vif intérêt qu'ils suscitent, les fait regarder par tous les peuples comme un moyen de propagande de premier ordre. Aussi l'on constate des efforts de plus en plus grands pour les célébrer avec éclat. Une commission est chargée de leur faire la plus grande publicité possible ; les comités nationaux olympiques s'attachent à leur donner un cadre merveilleux et à construire des stades luxueux. Des crédits sont sollicités des gouvernements pour la préparation des athlètes pendant la période des Olympiades. A peine des jeux sont-ils terminés dans une ville qu'on pense aux suivants, de sorte qu'il n'est pas exagéré de dire que l'effort athlétique du monde entier est tendu vers les victoires olympiques.

Autrefois, l'on exigeait des athlètes grecs qu'ils justifient d'un délai d'entraînement de dix mois au moins pour participer aux luttes d'Olympie.

Cette recommandation est aujourd'hui superflue, car l'entraînement est maintenant ininterrompu ; et c'est spontanément que, dans les mois qui précèdent les Jeux, les athlètes et les dirigeants de l'athlétisme intensifient l'entraînement. Il faut cependant reconnaître que le désir de briller au premier rang n'est pas aussi vif chez tous les peuples. Actuellement les Américains montrent dans la préparation olympique une ténacité toute particulière, et un esprit méthodique et scientifique qui leur valent de nombreux succès. Qu'on en juge d'ailleurs par le palmarès que nous donnons ci-dessous des Jeux Olympiques.

Fig. 6. — Une arrivée curieuse de l'Américain Paddock. — Cet étonnant coureur de vitesse, dont le style est aussi peu classique que possible, détient le record du monde des 100, 200 et 300^m plat.

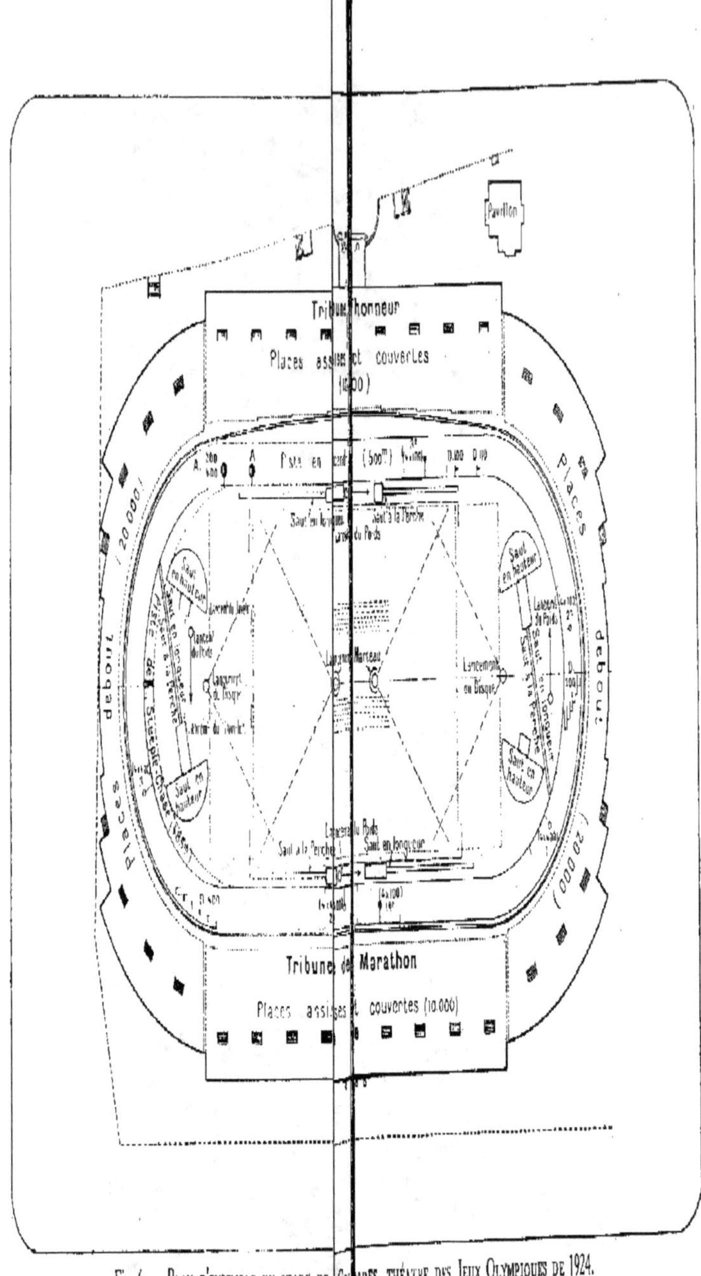

Fig. 6. — Plan d'ensemble du stade de Colombes, théâtre des Jeux Olympiques de 1924.

LE PALMARÈS DES SPORTS ATHLÉTIQUES AUX JEUX OLYMPIQUES

COURSE DE 100 MÈTRES PLAT

1896. Athènes :	BARKE (États-Unis)................	12"
1900. Paris :	JARVIS (États-Unis)	10"4/5
1904. Saint-Louis :	HAHN (États-Unis)................	11"
1906. Athènes :	HAHN (États-Unis).............	11"1/5
1908. Londres :	WALKER (Sud-Afrique)............	10"8/10
1912. Stockholm :	CRAIG (États-Unis).............	10"8/10
1920. Anvers :	PADDOCK (États-Unis).............	10"8/10

COURSE DE 200 MÈTRES PLAT

1900. Paris :	TEWKESBURY (États-Unis)	22"2/10
1904 Saint-Louis	HAHN (États-Unis)	21"6/10
1906 Athènes :	Pas disputé.	
1908. Londres :	KERR (Canada)...................	22"4/10
1912. Stockholm :	CRAIG (États-Unis)...............	21"7/10
1920. Anvers :	WOODRING (États-Unis)...........	22'

COURSE DE 400 MÈTRES PLAT

1896. Athènes :	BURKE (États-Unis)...............	54"2/10
1900. Paris :	LONG (États-Unis)...............	49"4/10
1904. Saint-Louis :	HILLMAN (États-Unis)	49"2/10
1906. Athènes :	PILGRIM (États-Unis.............	53"2/10
1908. Londres :	HALSWELLE (Grande-Bretagne)......	50"
1912. Stockholm :	REIDPATH (États-Unis)	48"2/10
1920. Anvers :	RUDD (Sud-Afrique)...............	49"3/5

COURSE DE 800 MÈTRES PLAT

1896. Athènes :	FLACK (Grande-Bretagne).........	2'1"
1900. Paris :	TYSOC Grande-Bretagne	2'1"4/10
1904. Saint-Louis :	LIGHTBODY (États-Unis)	1'56"
1906. Athènes :	PILGRIN (États-Unis)	2'1"2/10
1908. Londres :	SHEPPARD (États-Unis)...........	1'52"8/10
1912. Stockholm :	MEREDITH (États-Unis)...........	1'51"9/10
1920. Anvers :	HILL (Grande-Bretagne)	1'53"2/5

Fig. 7. — LE SUD-AFRICAIN RUDD. — Rudd remporta l'épreuve du 400 mètres plat aux Jeux Olympiques d'Anvers (1920).

COURSE DE 1.500 MÈTRES PLAT

1896. Athènes :	FLACK (Grande-Bretagne)..........	4'33"2/10
1900. Paris :	BENNETT (Grande-Bretagne)........	4'6"
1904. Saint-Louis :	LIGHTBODY (États-Unis)..........	4'5"4/10
1906. Athène :	LIGHTBODY (États-Unis)	4'12"
1908. Londres :	SHEPPARD (États-Unis)............	4'3"4/10
1912. Stockholm :	JACKSON (Grande-Bretagne)	3'56"8/10
1920. Anvers :	HILL (Grande-Bretagne)..........	4'1"8/10

COURSE DE 5.000 MÈTRES PLAT

1912. Stockholm :	KOLEHMAINEN (Finlande)..........	14'36"6/10
1920. Anvers :	GUILLEMOT (France).............	14'55"3/5

COURSE DE 10.000 MÈTRES PLAT

1912. Stockholm :	KOLEHMAINEN (Finlande)..........	31'20"8/10
1920 : Anvers :	NURMI (Finlande)................	31'45"4/5

COURSE DE 110 MÈTRES HAIES

1896. Athènes :	CURRIS (États-Unis)..............	17"6/10
1900. Paris :	KRAENZLEIN (États-Unis)	15"4/10
1904. Saint-Louis :	SCHULE (États-Unis)	16"
1906. Athènes :	LEAWITT (États-Unis)	16"2/10
1908. Londres :	SMITHSON (États-Unis).............	15"
1912. Stockholm :	KELLY (États-Unis)	15"2/10
1920. Anvers :	THOMSON (Canada)................	14"8/10

COURSE DE 400 MÈTRES HAIES

1900. Paris :	TEWKESBURY (États-Unis)..........	57"6/0
1904. Saint-Louis :	HILLMAN (États-Unis).............	53"
1906. Athènes :	Pas disputé.	
1908. Londres :	BUCON (États-Unis)..............	55"
1912. Stockholm :	Pas disputé.	
1920. Anvers :	LOOMIS (États-Unis).............	54"

COURSE DE 40 MÈTRES RELAIS (PAR ÉQUIPES)

1912. Stockholm :	Grande-Bretagne	42"4/10
1920. Anvers :	États-Unis.	42"2/10

Fig. 8. — L'AMÉRICAIN LOOMIS SAUTANT UNE HAIE. — L'athlète américain Loomis saute une haie dans la course de 400 mètres qu'il gagna aux Jeux Olympiques d'Anvers (1920).

COURSE DE 1.600 MÈTRES RELAIS

1908. Londres :   États-Unis........................ 3'27"1/5
1912. Stockholm : États-Unis........................ 3'16"6/10
1920. Anvers :   Grande-Bretagne................. 3'22"4/10

SAUT EN LONGUEUR AVEC ÉLAN

1896. CLARK (États-Unis) 6m35
1900. KRAENZLEIN (États-Unis)..................... 7m18
1904. MYER PRINSTEIN (États-Unis)................. 7m34
1906. MYER PRINSTEIN (États-Unis)................. 7m20
1908. IRONS (États-Unis)............................ 7m43
1912. GUTTERSON (États-Unis)...................... 7m60
1920. PETTERSEN(Suède).............................. 7m15

TRIPLE SAUT AVEC ÉLAN

1896. CONNOLLY (États-Unis)....................... 13m71
1900. MYER PRINSTEIN (États-Unis) 14m47
1904. MYER PRINSTEIN (États-Unis)................. 14m32
1906. O'CONNOR (Grande-Bretagne)................. 14m07
1908. AHEARN (Grande-Bretagne).................... 14m91
1912. LINDHOLM (Suède)............................ 14m76
1920. TUULOS (Finlande)............................ 14m50

SAUT EN HAUTEUR AVEC ÉLAN

1896. CLARK (États-Unis)............................ 1m81
1900. BAXTER (États-Unis) 1m90
1904. JONES (États-Unis)............................ 1m80
1906. LEAHY (Irlande).............................. 1m775
1908. PORTER (États-Unis)........................... 1m905
1912. RICHARDS (États-Unis) 1m93
1920. LANDEN (États-Unis)......................... 1m936

SAUT A LA PERCHE

1896. HOYT (États-Unis)............................ 3m30
1900. BAXTER (États-Unis).......................... 3m30
1904. DVORAK (États-Unis) 3m504
1906. GONDER (France)............................. 3m50

Fig. 9. — LE FINLANDAIS PORHOLA DANS LE LANCEMENT DU POIDS. — Cet athlète remporta l'épreuve du lancement du poids aux Jeux Olympiques d'Anvers (1920).

1908. GILBERT (États-Unis)........................ 3ᵐ70
1912. BABCOCK (États-Unis)........................ 3ᵐ95
1920. FOSS (États-Unis)........................... 4ᵐ09

LANCEMENT DU POIDS (7 k. 257)

1896. GARRETT (États-Unis)........................ 11ᵐ22
1900. SHELDON (États-Unis)........................ 14ᵐ10
1904. RALPH ROSE (États-Unis).................... 14ᵐ807
1906. SHERIDAN (États-Unis)....................... 12ᵐ32
1908. RALPH ROSE (États-Unis).................... 14ᵐ21
1912. MAC DONALD (États-Unis).................... 15ᵐ34
1920. PORHOLA (Finlande)......................... 14ᵐ81

· LANCEMENT DU DISQUE

1896. GARRETT (États-Unis)........................ 29ᵐ15
1900. BAUER (Hongrie)............................. 36ᵐ04
1904. SHERIDAN (États-Unis)...................... 36ᵐ28
1906. JARVINEN (Finlande) 35ᵐ15
1908. SHERIDAN (États-Unis)...................... 37ᵐ99
1912. TAIPALE (Finlande)......................... 45ᵐ21
1920. NIKLANDER (Finlande)....................... 44ᵐ68

LANCEMENT DU JAVELOT

1906. LEMMING (Suède)............................ 53ᵐ40
1908. LEMMING (Suède)............................ 51ᵐ81
1912. LEMMING (Suède)............................ 60ᵐ64
1920. MYRRA (Finlande)........................... 65ᵐ78

Fig. 10.— Le Français Guillemot.—Ce fut le seul vainqueur français aux Jeux Olympiques d'Anvers (1920). Il remporta l'épreuve de 5.000 mètres plat.

4

LA SUPÉRIORITÉ DES AMÉRICAINS

Ainsi qu'on le voit par ces tableaux, les Américains tiennent aux Jeux Olympiques, c'est-à-dire en sports athlétiques, le haut du pavé international. Longtemps ils n'eurent comme concurrents sérieux que les Anglais, encore qu'ils les battissent assez régulièrement. On remarque cependant que, dans ces dernières années, ils enlevèrent moins de premières places. On voit apparaître les Suédois et les Finlandais, les Suédois en particulier, qui se sont voués aux sports athlétiques comme naguère ils s'adonnèrent à la gymnastique. Les Scandinaves obtiennent de bons résultats, principalement dans les concours (sauts et lancements) et dans les sports d'origine plus récente comme le lancement du javelot. Quant à la France, elle ne s'est guère illustrée jusqu'ici aux Jeux Olympiques ; et il ne semble pas que notre figuration aux Jeux Olympiques de 1924 doive être plus brillante. Nous n'avons, que deux athlètes inscrits au palmarès athlétique : Gonder, pour le saut à la perche, aux Jeux d'Athènes en 1906, et Guillemot à ceux d'Anvers en 1920, pour la course de 5.000 mètres plat. L'illustre Bouin lui-même ne figure pas au palmarès. Et cependant, à la course de 10.000 mètres plat aux Jeux de Stockholm en 1912, il faillit, de bien peu, procurer à notre pavillon l'honneur d'être dressé en haut du mât olympique. il ne fut, en effet, battu que de l'épaisseur d'une poitrine par le finlandais Kolehmainen, après avoir mené la course de bout en bout. Son rival le suivit pas à pas et ne triompha de lui que sur le poteau.

Le recrutement. A quoi tient donc la supériorité américaine ? A plusieurs causes sans doute dont les principales sont : la vogue considérable dont jouit l'athlétisme en Amérique et la préparation sérieuse à laquelle sont, là-bas, soumis les athlètes. Le nombre des adeptes de l'athlétisme est en Amérique environ dix fois plus grand qu'en France. Il n'y a rien d'étonnant, dès lors, que dans un champ aussi vaste l'on trouve plus de sujets d'élite. Or, il est incontestable, que plus une nation possède de sujets d'élite, plus elle a chance d'en placer aux premiers rangs. Considérons, par exemple, la course de 100 mètres plat. Le record américain de la distance (qui est aussi le record du monde) est de 10" 3/5. Or, chaque année, l'Amérique compte environ une bonne dizaine d'athlètes capables de réussir un temps compris entre 10" 3/5 et 11 secondes. En France, le record de la distance est de 10 secondes 4/5. C'est à peine, si nous avons, chaque saison, trois ou quatre athlètes capables de réussir des temps variant de 10 secondes 4/5 à 11 secondes 2.5. Et ce que nous disons des 100 mètres est vrai pour toutes les autres courses, plus vrai encore en ce qui concerne les sauts et les lancers où la différence entre les Américains et les Français est encore plus considérable.

Les universités américaines fournissent un contingent des plus importants à l'athlétisme ; dans les universités françaises, les pratiquants sont l'exception. Or il n'est pas douteux que la situation sociale des étudiants, leurs loisirs, leurs moyens d'existence, leur procurent des facilités que ne trouvent pas les employés et les ouvriers qui constituent chez nous la masse des athlètes.

Nous ne pensons donc pas que les résultats obtenus

soient alarmants en ce qui concerne la qualité physique de notre race ; celle-ci s'est montrée capable de remarquables exploits lorsqu'elle a pu placer certains de ses produits, comme Bouin, André et Guillemot, dans les conditions où les Américains voient en général évoluer les leurs. Et le jour où le nombre des athlètes français égalera celui des Américains, relativement au chiffre de la population, nous pourrons enregistrer sans doute des victoires plus nombreuses dans les compétitions internationales.

L'entraînement. Et puis, les Américains possèdent une doctrine, une tradition de l'athlétisme, qui sont plus anciennes que les nôtres et qu'ils ne cessent d'améliorer. Leurs entraîneurs sont des spécialistes, qui n'ont point d'autres fonctions sociales, qui suivent les progrès de leurs sujets jour par jour, et qui étudient sans cesse les procédés propres à améliorer la technique. Tout ce que la science peut leur offrir de moyens, au point de vue de l'entraînement, du massage, de l'étude théorique même, ils l'utilisent. Faut-il s'étonner dans ces conditions de les voir briller au premier plan? Songeons qu'en France nous n'avons pour ainsi pas d'entraîneurs ; le peu que nous possédons se sont en outre formés eux-mêmes ; ce sont des autodidactes qui n'ont pas encore eu le temps de s'assimiler les méthodes modernes et qui ont en outre beaucoup de peine à imposer à leurs élèves une discipline à laquelle se plient volontiers les athlètes américains. Trop souvent chez nous le sport n'est considéré que comme un passe-temps. C'est évidemment se placer à un excellent point de vue que de ne point considérer que le sport doit l'emporter sur toutes choses ici-bas ; mais de là à remplacer la méthode par la fantaisie, et la discipline par la plus vagabonde indépendance, il y a un abîme. Tant que nous ne serons pas plus désireux de bien faire, nous n'aurons que peu de chances de décrocher aux Jeux Olympiques les couronnes de lauriers. Peut-être trouvera-t-on que, considéré à ce point de vue, le sport prend une importance exagérée. C'est possible. Mais admettons alors que nous nous inclinerons éternellement devant nos rivaux. Pour notre part, nous ne nous résignons pas de si bon cœur.

Ces rivaux sont d'ailleurs de jour en jour plus nombreux. Voici que les Scandinaves nous ont dépassés à leur tour. Ils apportent dans la pratique des sports athlétiques autant de sérieux et de minutie que les Américains ; ils ont un passé de gymnastique qui a, sans nul doute, amélioré leur race et qui l'a rééduquée physiquement. Ils seront demain les égaux des Américains. Et puis ce sont les Allemands, qui comprennent le rôle que jouent les sports dans les sociétés modernes et qui s'y attellent avec la volonté tenace dont ils font preuve partout. Allons-nous nous contenter toujours de la 5e ou de la 6e place ?

CRITIQUE DES JEUX OLYMPIQUES

LEUR EXCLUSIVISME Pour en terminer avec ce chapitre des Jeux Olympiques, voyons maintenant ce que l'on peut leur reprocher. Une des principales obligations qu'ils imposent est la qualité d'amateur, c'est-à-dire qu'ils n'accueillent que les athlètes qui ne font point du sport un métier et qui n'ont jamais recueilli d'avantages matériels de la pratique des sports. Or, s'ils se flattent de constituer les véritables championnats du monde et d'être, par conséquent, le critérium quadriennal de la vitesse, de la force, de la souplesse universelles, les Jeux Olympiques devraient, pour mériter complètement ce titre, accueillir tous ceux qui, dans une spécialité quelconque, ont acquis des droits à l'attention générale. On objectera sans doute qu'ils ont pour but d'illustrer aussi la valeur morale et éducative du sport, qu'à ce point de vue l'amateurisme seul compte et que le professionalisme renferme des germes nocifs capables de compromettre la noblesse des efforts humains, de les commercialiser et de les prostituer ; bref, l'on pourra avec bonheur renouveler à ce sujet la querelle incessante du professionalisme et de l'amateurisme ; il n'en est pas moins vrai que les vainqueurs des Jeux Olympiques ne peuvent pas absolument être déclarés les meilleurs athlètes du monde dans leur spécialité.

Loin de nous la pensée, en écrivant ceci, de vouloir faire l'apologie du professionalisme ; bien au contraire nous l'estimons funeste. Mais il ne s'agit pas ici de doctrine ; nous pensons simplement que le meilleur coureur ou le meilleur sauteur du monde doit être proclamé tel, même s'il tire de ses talents ses moyens d'existence, même s'il est un salarié sportif. Aussi jugeons-nous que, s'il est juste de laisser aux organisations d'amateurs le soin de diriger les Jeux, ces épreuves devraient être ouverts à tous, aux schismatiques et aux indépendants.

※ ※

L'impossible amateurisme. D'ailleurs si l'on veut être sincère, brutalement sincère, que doit-on penser de l'amateurisme en matière olympique? Quels sont donc ces jeunes gens qui trouvent le moyen de s'adonner exclusivement, pendant des semaines et des mois, à l'entraînement olympique ; de quitter leur travail, de voyager, de séjourner dans la cité olympique pendant un laps de temps considérable? Sont-ils donc autre chose que des professionnels déguisés, des amateurs marrons, pour employer une expression à la mode et malheureusement fort justifiée? A qui fera-t-on croire que les athlètes américains ont une situation personnelle qui leur permette de s'entraîner à outrance, de venir en Europe, et de ne regagner leur patrie que par le chemin des écoliers? Si leur situation personnelle leur laisse tant de loisirs, c'est probablement une preuve de la richesse des États-Unis ; mais n'est-on pas en droit de supposer qu'en dehors de ces favorisés, il y a là-bas de modestes employés qui demeurent ignorés? Les Américains sont sportifs, dira-t-on et les patrons donnent à leurs employés toutes facilités pour leur permettre de faire briller le pavillon national. Il n'en demeure pas moins que, pendant six ou huit mois, les athlètes vivent, se nourrissent et s'entretiennent grâce au sport. Ce ne sont pas de stricts amateurs. Pourquoi dès lors chicaner des professionnels, qui ont tout au moins le mérite de la sincérité?

Qu'ils en conviennent, ou non, les Jeux Olympiques encouragent les mœurs professionnelles ; la valeur des palmes qu'ils décernent est si grande qu'elle nécessite une exclusive préparation, qu'elle fait en un mot des concurrents de véritables ouvriers du sport. Et peut-être en cela peut-on les accuser d'être néfastes.

———————

UN PROGRAMME TROP VASTE

On reproche enfin aux jeux Olympiques d'avoir un programme beaucoup trop copieux et assez mal défini.

L'accord n'est d'ailleurs pas unanime sur le programme des Jeux.

Les uns voudraient le voir limité aux sports athlétiques, à la natation, au tennis, à l'escrime et à la boxe. Les autres sont au contraire partisans d'y voir introduire les sports d'équipes comme le football, l'aviron, le basketball, le hockey. D'autres ont les idées plus larges encore et estiment que le yachting, la bicyclette, voire l'automobile et l'avion ont leur place à cette manifestation et ils ne se font pas faute d'invoquer que la Grèce avait ses concours de chars et de chevaux. Il y a là matière à controverse. Mais il est bien évident qu'il faut savoir se borner sous peine de voir les Jeux Olympiques traîner en longueur et nécessiter un effort d'organisation par trop considérable. Mais d'autre part, quelle tentation pour toutes les fédérations spécialistes de profiter de cette occasion, pour organiser leurs championnats du monde. Il serait sage, croyons-nous, de limiter le programme des Jeux Olympiques aux sports athlétiques et individuels ; ce serait assez conforme à l'esprit qui a présidé à leur création et qui a eu pour but de déterminer les valeurs humaines ; or ces critériums ne peuvent être établis qu'au moyen d'exploits individuels. Cependant le football, pour ne citer que lui, a acquis de nos jours une vogue si universelle qu'il paraît bien difficile de l'exclure du programme des Jeux Olympiques. A Anvers, il a recueilli un succès exceptionnel qui semble lui donner droit de cité.

Qu'on nous excuse de ne pas nous prononcer sur ce point d'une façon plus catégorique. Encore une fois la question est complexe et dépasse les limites de cet ouvrage. Qu'il nous suffise de l'indiquer et de laisser à ceux qui ont mission de l'étudier le soin de la résoudre.

CHAPITRE III

La machine humaine

  L'athlétisme est un aboutissant. Ce qui revient à dire qu'avant d'arriver à la pratique des exercices athlétiques, il est indispensable de préparer l'organisme aux efforts qu'il va produire.

Il ne faudrait pas cependant tomber dans l'erreur communément propagée par les antisportifs, qui réservent le sport à une élite présentant des qualités physiques exceptionnelles. Bien au contraire, nous estimons que l'éducation sportive doit être commencée très tôt et faire partie intégrante de l'éducation physique.

En cette matière, comme en beaucoup d'autres, tout est question de mesure. Nous n'avons pas ici à multiplier les arguments en faveur de notre thèse, et nous nous contenterons de faire remarquer que, dès l'instant où il s'agit d'éducation, celle-ci ne saurait s'adresser qu'à un sujet jeune et en état de réceptivité.

LES QUALITÉS NÉCESSAIRES A LA MACHINE HUMAINE

Quel que soit le sport auquel se destine l'apprenti sportsman il lui faut d'abord :

— 1º Posséder une machine d'une puissance suffisante ;
— 2º Régler cette machine pour en obtenir le maximum de rendement ;

LE ROLE DU MÉDECIN Avant tout, ce qui doit préoccuper le postulant sportsman c'est l'intégrité fonctionnelle de ses organes profonds.

Le rôle du médecin est définitif. Lui seul peut dépister une tare fonctionnelle passée inaperçue, que risquent d'accroître des efforts inconsidérés. Rarement son *veto* sera définitif. Aussi importe-t-il que chacun se soumette de son plein gré, avant que n'en existe l'obligation légale, à ce conseil de revision prémonitoire.

Notre pratique personnelle nous met souvent en présence de jeunes sportsmen qui viennent nous consulter pour des phénomènes douloureux, cardiaques ou des palpitations. La plupart ne présentent qu'une « impotence fonctionnelle » momentanée. Ayant pratiqué l'athlétisme sans aucune orientation, ils ont hypertrophié leur cœur au même titre que les muscles des jambes et des cuisses. Insuffisamment « étoffés », bridés dans une poitrine étroite, ils sont gênés par une cause purement « architecturale ». Quelques prescriptions gymnastiques ont tôt fait de donner au cœur un appartement plus spacieux, qui lui permet dès lors de travailler tout à son aise. Encore est-il que le médecin peut seul édicter les prescriptions indispensables en pareil cas.

L'auscultation des poumons complète cet examen. Les contre-indications pulmonaires sont des plus rares. Les thorax étroits, les insuffisances respiratoires relèvent le plus souvent d'une thérapeutique par le mouvement. C'est par l'exercice au grand air, l'athlétisme en particulier, que le travail pulmonaire acquiert son maximum d'amplitude, et cela dans des conditions parfaites, car l'acte respiratoire s'accomplit dans un milieu plus oxygéné et moins microbien que dans une salle insuffisamment aérée.

L'athlétisme aussi met en jeu des masses musculaires considérables, par suite de sa localisation sur les membres inférieurs, plus musclés que les membres supérieurs. Les conclusions s'en trouvent augmentées, l'appel d'oxygène est plus intense, les échanges respiratoires majorés.

Cet ensemble explique que rarement le médecin trouvera dans l'auscultation pulmonaire motif à prohibition.

Ici s'arrête le rôle de la médecine en matière sportive. C'est un rôle d'auscultation qui paraît de prime abord des plus simples à remplir. A vrai dire il se complique singulièrement quand on passe à l'interprétation des faits révélés par l'examen.

En effet, il semble que le médecin consulté sur l'aptitude du postulant doive répondre d'une façon positive : « Ce cœur est malade, j'interdis la pratique de l'athlétisme, » ou bien : « Ce cœur est indemne, j'autorise la pratique de l'athlétisme. »

Dans la réalité, les choses ne se passent point ainsi : nous connaissons au moins deux champions de France gratifiés d'une maladie de cœur indubitable ; et ce n'est point trahir le secret professionnel — puisque les faits ont été rendus publics — de rappeler que le corps médical voulut interdire le départ à Kolemaihnen dans le Marathon de New-York, que le Finlandais gagna malgré la Faculté.

Il nous apparaît très difficile en l'occurrence d'édicter sur ce sujet des règles absolues. Personnellement, et bien qu'il soit assez difficile de nous dénier le titre de sportsman, nous refuserions l'autorisation de participer à un championnat, à un concurrent présentant une lésion organique du cœur. Car il appartient au médecin de prévenir toute possibilité d'accident : c'est un rôle social auquel il ne peut se soustraire. Il ne lui appartient pas de compter sur la chance, sur la tolérance plus ou moins grande, mais d'user de l'autorité que lui confèrent ses titres pour être utile à son prochain, même malgré ce prochain.

Peut-être le lecteur se demandera-t-il comment il se fait qu'un cœur lésé puisse permettre à un sujet de devenir champion... et de défendre son titre avec succès pendant plusieurs années. C'est là où la « personnalité physiologique » intervient. Tandis qu'un moteur ne saurait fonctionner si un organe primordial est *déréglé*, le moteur humain peut, exceptionnellement, produire un travail suractivé même en état de non intégrité. C'est à ces cas *d'exception* que répondent les exemples que nous avons cités.

LA VALEUR PHYSIQUE Si nous nous sommes étendus sur ce point, c'est qu'il nous amène à aborder une question importante, celle de la valeur physique d'un sujet. Certaines directives sont en la matière demeurées classiques : celles qui sont appliquées dans les conseils de revision militaire.

Le conscrit est ausculté, son périmètre thoracique mesuré, et le major le déclare « bon » ou « mauvais » pour le service. C'est en procédant ainsi que les conseils de revision, fonctionnant pendant la guerre, — avec une certaine élasticité — ont cependant reconnu mauvais au moins un des champions de France auxquels nous faisions allusion. Jusque là rien que de très rationnel à notre avis, et la décision du major rentre dans nos vues.

Mais où l'auscultation et le centimètre sont en défaut, c'est quand ils laissent « filtrer » et incorporer des conscrits qui, après leur incorporation, vont meubler les hôpitaux.

Ce que nous disons des militaires s'applique évidemment aux civils. Après une auscultation minutieuse vous autorisez, par exemple, ce jeune homme à pratiquer un sport athlétique. Il s'y adonne et, loin d'en tirer aucun bénéfice, vous le voyez dépérir et perdre ses forces. Qu'est-ce à dire? C'est que, chez lui, le moteur, capable d'un petit travail, ne peut supporter l'effort du travail suractif. Et cela, sans qu'aucun examen, au repos, ait pu le laisser prévoir.

La conclusion s'impose : A part la prohibition pour maladie organique, ce n'est pas dans le cabinet du médecin, dans la salle, que doivent avoir lieu les conseils de revision, c'est au banc d'épreuve de l'effort, avant, pendant, après le travail physique que peut être jugé l'organisme.

CARACTÉRISTIQUES
DES EXERCICES PHYSIQUES

Nous devrons à ce sujet entrer dans un certain nombre de détails physiologiques. On nous excusera de les trouver indispensables. De même qu'une voiture automobile doit rendre les services qu'on attend d'elle, être appréciée sous diverses formes et présenter des qualités de vitesse, de résistance, grimper les côtes, etc., de même le moteur humain doit être mis en présence de certains types d'efforts.

Le mouvement, quel qu'il soit, sollicite l'organisme à une augmentation des combustions de la machine, d'où plus grande fréquence des « explosions ». Celles-ci peuvent être perçues par différents procédés. Nous nous sommes arrêtés, dans les expériences que nous avons entreprises à ce sujet à la mensuration la plus simple, la prise des pulsations, car le pouls enregistre en quelque sorte l'accélération du rythme cardiaque.

De ces expériences nous avons conclu que, quel que soit l'effort produit par le travail physique, il est susceptible d'être classé dans une des catégories suivantes :

— 1º EFFORT INTENSE. — C'est l'effort communément dénommé vitesse. Qu'il s'agisse d'une marche accélérée, d'une montée d'escalier, d'une course de 100 mètres, d'un saut ou lancer athlétique, de la charge d'un joueur de football, etc., les besoins de l'organisme en oxygène se majorent du surcroît de travail demandé. Le pouls, qui chez le sujet au repos bat à 70 pulsations environ à la minute, monte à 150 pulsations environ. L'effort de vitesse étant limité en durée à quelques secondes, cette accélération est essentiellement transitoire.

Après la cessation du travail, tout rentre dans l'ordre et le moteur reprend son rythme normal et tourne au ralenti.

— 2º EFFORT INTENSE ET PROLONGÉ. — Il n'en va plus de même dans ce deuxième type d'effort. Il correspond au maximum de travail que peut produire l'organisme. C'est le demi-fond, 400 ou 800 mètres, travail prolongé aux appareils, 100 mètres en natation, lever de la gueuse, grimper à la corde, charges répétées au football, etc. Sa physionomie particulière est due, comme son nom l'indique, à la prolongation de la durée du travail fourni. Prenons par exemple, pour préciser les idées, le coureur à pied. Celui-ci exécute son « sprint ». Au bout de 100 à 150 mètres, suivant son degré d'entraînement, la fatigue respiratoire se manifeste sous forme d'essoufflement. Au lieu de céder à cette fatigue, le coureur continue. Le pouls s'accélère dans des proportions considérables — plus de 200 pulsations à la minute — pour « faire les frais » de ce surcroît de travail.

Cette modalité d'effort est proche de la limite des forces humaines : effort d'exception réservé à des sujets d'exception. C'est une épreuve analogue à celle que les armuriers font subir aux canons des fusils pour vérifier s'ils sont d'une solidité « à toute épreuve ». Et le moteur affolé est quelque temps avant de retrouver son rythme normal.

— 3° Effort relatif. — Ici, la durée de l'effort augmente encore. C'est la course de fond, le travail prolongé au football, aux appareils, etc. Mais le travail est exécuté régulièrement, sans à-coup, sans exagération. Il en résulte que l'accélération n'est que relative, les pulsations se maintenant autour de 100 à la minute. Il en résulte ce fait paradoxal en apparence, pour les non initiés, qu'une course de 1.500 mètres, suractive relativement moins le moteur qu'un exercice de saut ou de lancer. Deux réserves doivent être faites cependant. D'abord, il va sans dire, que si l'effort relatif se complique d'effort intense, le rythme empruntera à ce dernier sa physionomie particulière ci-dessus décrite. Ainsi, si un coureur de 1.500 mètres, termine la distance par un sprint, on observera l'accélération de pouls correspondant à l'effort intense du sprint. Également, la réaction de l'organisme, plus peut-être dans l'effort relatif que dans les autres types d'effort, est très fonction de la physionomie physiologique de l'individu et de son degré d'entraînement. On pourrait presque dire que certains coureurs parcourent des distances supérieures à dix kilomètres « en se promenant ». A l'arrivée d'un cross, dit des cinq nations, disputé sur environ 15 kilomètres et gagné par Jean Bouin, ce dernier présentait 90 pulsations à la minute, chiffre à peine supérieur à la normale de l'homme au repos.

Ajoutons, pour être complet, aux trois types d'effort classique — efforts intense, intense et prolongé, relatif, — un quatrième type d'effort : celui de grand fond observé à la fin des épreuves de très longue distance, le Marathon (42 km.) par exemple. Ici c'est la durée qui intervient pour imprimer à l'organisme un reflet particulier. Le moteur tourne sans arrêt. Il s'encrasse et s'use.

Fig. 11. — LE FINLANDAIS NURMI. — C'est le recordman du monde
des 3.000, 5.000 et 10.000 mètres plat.

ÉTUDE PHYSIOLOGIQUE DES EFFORTS

Maintenant que nous avons mis succinctement le lecteur au courant des caractéristiques spéciales des exercices physiques nous allons pouvoir déduire de ce schéma un certain nombre de données pratiques. On comprend dès maintenant que malgré toutes ses connaissances scientifiques, malgré les ressources de l'auscultation, le médecin ne peut prévoir la façon dont va se comporter en présence de tel ou tel travail l'organisme de l'examiné.

Tout dépend, en effet, de la résistance à la fatigue des organes profonds ou plus exactement de la résistance à certaines fatigues.

— L'EFFORT DE VITESSE. — Il est avant tout fonction de l'influx nerveux, du potentiel énergétique. Le sauteur n'a pas le temps, entre le moment où il s'élève et celui où il retombe, la barre franchie, de subir les atteintes d'une fatigue quelconque. Il en va de même du 100 mètres en course à pied dans lequel l'athlète atteint le but en 11 à 13 secondes.

Ce laps de temps constitue une véritable « plongée » de courte durée pendant laquelle les besoins respiratoires sont annihilés.

Nous reviendrons ultérieurement sur ce sujet.

En réalité, la dépense est presque exclusivement de volition, si bien que l'on peut observer à la suite d'un effort intense, des phénomènes de dépression, de fatigue nerveuse qui peuvent contre-indiquer les exercices de vitesse.

— L'EFFORT DE DEMI-FOND. — Cet effort, nous l'avons vu, augmente dans des proportions considérables le nombre des pulsations. Cette accélération est due aux besoins de l'organisme en oxygène. C'est ici une « plongée » poussée à ses limites les plus extrêmes. La soif d'air atteint son maximum, le sujet est — littéralement — asphyxié, » parce qu'il y a disproportion entre ses besoins immédiats, sa prodigalité physique et le débit chimique que, malgré la meilleure volonté, le moteur cardiaque ne saurait lui fournir. La fatigue est, de ce fait cardiaque et respiratoire.

— L'EFFORT DE FOND. — Il fait intervenir un facteur nouveau, l'automatisme. Celui-ci se manifeste d'une part, sur le travail cardio-pulmonaire. L'athlète règle son débit respiratoire. Il n'y a pas d' « affollement ». C'est ainsi que certains coureurs exécutent une inspiration toutes les une, deux ou trois foulées. Il s'ensuit que l'accélération du rythme demeure très relative. L'automatisme mécanique du travail s'établit également et les gestes, bien que répétés, ne se totalisent pas. Il s'installe en quelque sorte un système de production économique.

Cette constatation autorise donc bien à décrire l'effort de fond comme un effort relatif.

Elle explique en même temps, que le travail du cœur s'exécute en quelque sorte à bas bruit et que, d'autre part, l'encrassement dû à la contraction musculaire est faible. Cet encrassement a d'ailleurs à peine le temps de se manifester dans un travail dont la durée n'excède pas le plus souvent cinq minutes.

— L'EFFORT DE GRAND FOND. — Il permet la manifestation de la fatigue musculaire. Tandis que dans la vitesse, le demi-fond et le fond, le muscle se présentait en quelque sorte comme un travailleur infatigable, dans le grand fond les poisons ont le temps de s'accumuler. Ce fait est confirmé par l'apparition des crampes durant l'effort même. En outre, il est nécessaire de rappeler ici que le cœur est un muscle; il s'encrasse donc au même titre qu'un muscle et va traduire sa défaillance par des symptômes particuliers.

Enfin, la durée du travail fait intervenir, obligatoirement. les réserves qui sont jetées en quelque sorte dans la bataille. Jusqu'ici l'organisme vivait au jour le jour, plus exactement à la seconde, sans avoir à se préoccuper des besoins du lendemain. Ici il faut payer et l'athlète doit faire appel à son capital. Après avoir vidé ses poches, il doit s'adresser aux divers banquiers dont la mission était précisément d'accumuler l'épargne.

Nous nous sommes étendus sur ces données physiologiques, nous essayant à les rendre vulgarisatrices. Elles étaient nécessaires parce qu'elles vont éclairer rapidement une question assez complexe, celle de la vocation physique du jeune sportsman.

GARANTIES PHYSIQUES
DES CANDIDATS-ATHLÈTES

— 1º Le candidat doit satisfaire a l'examen médical. — C'est cet examen qui le classe bien ou mal portant ou plus exactement qui précise l'intégrité ou la non-intégrité du fonctionnement de l'appareil cardio-pulmonaire.

En effet il est des sujets chez lesquels la contre-indication à la pratique des sports est irrémédiable. Ils sont atteints d'une incapacité permanente. Ils constituent en réalité, dans le jeune âge, une infime minorité.

A côté d'eux existe la classe importante des jeunes gens chez lesquels le sport est momentanément contre-indiqué. Ils seront, peut-être, un jour élus, tout dépendant de leur attitude dans le purgatoire de la culture physique.

Il faut savoir en effet que beaucoup de malades atteints de lésions du cœur relèvent de la thérapeutique par le mouvement. Déjà Œrtel « entraînait » ces malades à la marche, puis à l'ascension sous forme de cures de terrains. Ultérieurement il majorait leur effort en leur prescrivant un travail plus intense : le sciage du bois.

Le principe général de l'entraînement, obtention du maximum de résultat pour le minimum d'effort, n'est pas en effet opposé aux principes médicaux qui visent à l'amélioration du malade. Bien au contraire et, sous les réserves obligatoires d'une progression bien calculée, tout système circulatoire, indemne ou non, tire bénéfice d'une majoration de sa résistance à la fatigue.

Il résulte de cet aperçu, qu'à part quelques exceptions

tout individu peut demander à l'athlétisme une amélioration de son état physique, les malades ressortissant, cela va sans dire, de directives médicales.

— 2º LE CANDIDAT NE DOIT PAS PRÉSENTER D'INSUFFISANCES ORGANIQUES. — Laissant de côté les sujets porteurs de tares organiques du cœur et des poumons, le médecin se trouvera fréquemment en présence de candidats qui ne présentent pas toutes les garanties nécessaires. Il nous apparaît utile de les classer schématiquement en un certain nombre de catégories, sachant que ces catégories ne constituent pas une compartimentation étanche et peuvent chevaucher l'une sur l'autre.

— a) *Les insuffisants respiratoires.* — Nous isolons sous cette rubrique ceux qui présentent un débit respiratoire insuffisant. La cause en est le plus souvent, dans un obstacle à l'inspiration nasale. Quelle que soit d'ailleurs l'origine — végétations ou déviations, etc. — de cette insuffisance, l'individu qui en est porteur et qui tolère son état parce que ses besoins ne sont que relatifs lors des actes normaux de la vie, ne peut pas aborder l'effort qui majore ses besoins. C'est un candidat à l'asphyxie au moment où l'organisme aura intérêt à augmenter les combustions. Le moins qui puisse lui arriver est de produire des performances au-dessous de la moyenne et qui bientôt dégoûteront le postulant de la pratique des sports. Le pis est le travail accompli dans des conditions physiologiques défectueuses avec surmenage du cœur, caissier intègre, qui assiste impuissant au gaspillage.

— b) *Les insuffisants thoraciques.* — Leur insuffisance est

Fig. 12. — Le finlandais Kolehmainen : Le grand rival de Jean Bouin. — Il remporta l'épreuve des 5.000 et 10.000 mètres plat aux Jeux Olympiques de Stockhlom (1912).

d'ordre mécanique. Nous entendons par là, qu'à l'intérieur de la cage thoracique, se déroulent un certain nombre de phénomènes physiologiques dans les organes qui y sont contenus. Mais le contenant doit présenter un volume suffisant pour permettre à ces phénomènes de se dérouler d'une façon normale. Si les côtes constituent une prison pour le cœur, celui-ci vient en battre les parois et c'est avec une intensité d'autant plus grande qu'il a à faire les frais d'un travail plus important.

En outre, dans le jeune âge, il y a très souvent disproportion entre le développement du cœur, organe musculaire qui s'hypertrophie par l'exercice, et le thorax dont la distension peut être retardée ou arrêtée par manque d'exercices appropriés.

Si bien que chez les insuffisants thoraciques, le premier temps d'un entraînement bien conduit sera précisément de distendre le thorax par de la gymnastique respiratoire. Cette distension sera « vraie » si le sujet est encore en période de croissance et que l'architecte peut encore y apporter des retouches. Elle sera possible encore même chez l'adulte car la « cage » est toujours malléable par suite de l'existence des cartilages costaux. C'est en augmentant le jeu des articulations vertébro et sterno-costales, et aussi par l'adjonction du jeu du diaphragme, que les insuffisants deviendront artificiellement suffisants.

— c) *Les insuffisances architecturales.* — La plupart des jeunes gens qui désirent pratiquer l'athlétisme, ont, du fait même de leur jeunesse, un certain nombre de défauts anatomiques qui ne sont plus d'ordre « profond » mais qui ont trait à leur architecture même.

Avant tout, il faut se rappeler que le sujet en voie de croissance doit être ménagé.

D'abord, parce qu'il doit faire les frais de son développement, si bien que la nourriture qu'il ingère, n'est pas uniquement destinée, comme chez l'adulte, à permettre la production du travail quotidien. C'est là une des différenciations les plus importantes entre le moteur mécanique et le moteur humain que ce dernier doit pourvoir à son entretien journalier. L'essence qu'on met dans le réservoir d'une automobile, déperditions à part, servira à l'alimentation du moteur producteur de travail. Chez l'homme il y a dans la ration journalière deux rations : celle d'entretien, celle du travail à fournir. Chez l'adolescent il y a en trois : celle d'entretien, celle du travail, celle de la poussée de croissance.

Mais ce n'est pas là tout : un des défauts, qui peut d'ailleurs être une des qualités de la jeunesse, est la malléabilité. La glaise n'est pas encore prise et se prête aux coups de pouce du sculpteur qui lui imprime sa physionomie, laquelle bientôt sera, de par l'âge, fixe et définitive.

Que sous l'influence d'efforts inconsidérés, certains organes présentent un développement anormal, cependant que d'autres tout aussi importants sont délaissés, il y aura rupture et rupture, pour la vie, de l'équilibre physiologique.

D'où l'importance d'empêcher une spécialisation trop hâtive, avant que le sujet n'ait atteint un développement complet.

CONCLUSIONS

Ce que nous avons dit jusqu'ici, d'une part, des différentes variétés d'effort, de leur retentissement sur les organes les plus importants de l'économie — cœur et poumon — d'autre part, la vue d'ensemble du candidat à l'athlétisme, nous permet de tirer un certain nombre de déductions :

— 1⁰ Le sujet ne sera pas éliminé, sauf exception très rare, sur un simple examen médical, mais devra être mis en présence d'un certain nombre d'épreuves sportives qui permettront de « tâter » sa résistance physique et de lui donner ultérieurement une orientation optima ;

— 2⁰ L'effort intense et prolongé — voir page 65 — est un effort d'exception à ne permettre qu'à des sujets d'exception ayant déjà fait montre de qualités athlétiques indiscutables ;

— 3⁰ L'effort de vitesse est relativement « anodin ». Même un sujet imparfait physiquement peut se livrer à un effort de vitesse sous réserve que la qualité de l'effort sera dosée suivant sa résistance propre. Par exemple, alors que les Championnats de France de courses à pied de vitesse se disputent sur cent mètres, un enfant de douze ans pourra, sans inconvénient, parcourir dans une allure proportionnellement identique, une distance de quarante mètres.

Un détail d'importance est que la qualité de vitesse est en quelque sorte « originelle ». C'est un don, un talent que l'individu apporte en naissant et dont l'acquisition est quasi-impossible. Il en résulte que la masse des sportsmen, rapidement découragée, abandonne un exercice physique excellent parce qu'il ne leur apporte point une part de gloire ;

— 4⁰ L'effort de fond est, toujours sous réserve d'un entraînement préalable et progressivement mené, sans inconvénient immédiat. Nous avons vu que le cœur assiste presque à cet effort sans y participer. Mais la durée de cet effort engendre une déperdition énergétique importante et c'est là que les inconvénients de la jeunesse se manifestent. Le jeune sujet n'a pas les réserves suffisantes pour « tenir ». Et il tiendra d'autant moins que l'effort sera plus prolongé. Ces faits que des observations prises dans les milieux sportifs corroborent précisément, sont du domaine aussi de l'observation générale. Les territoriaux de la guerre, hommes aussi peu vite que possible, étaient des résistants de premier ordre ;

— 5⁰ Quel que soit l'effort auquel le sujet veuille se livrer, il doit majorer pour obtenir un résultat ses qualités naturelles. Ceci est fonction précisément de l'entraînement général dont nous pouvons maintenant aborder l'étude avec quelque connaissance de cause

CHAPITRE IV

Le réglage de la machine humaine

ENTRAÎNEMENT RESPIRATOIRE Le poumon préside à la destinée athlétique de l'individu. Aussi faut-il accorder à l'intraînement respiratoire une importance primordiale.

❦ ❦

L'éducation respiratoire. Avant de produire aucun effort, le sujet doit savoir respirer ; et pour savoir... il faut apprendre.

Peut-être nous objectera-t-on que l'acte respiratoire n'est pas extrêmement compliqué, puisque le nourrisson l'exécute, dès la naissance, sans éducation préalable.

Mais, d'une part, le nourrisson peut mal respirer dès sa naissance. D'autre part le travail physique apporte dans l'acte respiratoire des perturbations considérables. Et par réciproque ces perturbations retentissent sur le travail physique et le troublent à son tour. Si bien qu'en présence de deux individus l'un respirant bien, l'autre respirant mal, toutes qualités physiques égales par ailleurs, la supériorité ira à celui dont la respiration est la meilleure.

QU'EST-CE QUE BIEN RESPIRER ?

— 1⁰ LA RESPIRATION DOIT ETRE NASALE. — Le nez est un organe respiratoire alors que la bouche, organe digestif, est « faite pour le beefsteak » suivant l'expression imagée de notre maître le docteur Rosenthal.

Il ne s'agit point ici de boutade, mais de lois physiologiques qui méritent d'autant mieux qu'on s'y arrête que le lecteur ne doit point obligatoirement croire l'auteur sur parole.

L'utilité de la respiration nasale réside :

— *a*) Dans le réchauffement de l'air inspiré. Chacun peut observer sur lui-même, le léger malaise respiratoire ressenti par l'inspiration de l'air les jours où la température est abaissée. Aussi la nature prévoyante a-t-elle disposé dans la cavité des fosses nasales des méandres multiples où cet air se réchauffe au contact de la muqueuse, dont la surface se trouve augmentée par les replis et sinuosités.

— *b*) Ces méandres permettent également de « briser » le courant d'air inspiratoire.

L'individu, pendant sa progression, est soumis, en effet, à une pression variable suivant sa vitesse de progression.

Ce phénomène est d'autant plus perceptible que la vitesse est plus grande. C'est ainsi qu'en auto il en résulte une véritable petite oppression. Évidemment la résistance de l'air ambiant est loin d'être aussi considérable dans la course à pied ; mais ici, le sujet produit un effort qui majore la fréquence du rythme et par suite le nombre des inspirations. Si celles-ci, contrairement aux données physiologiques s'exécutent par la bouche, il en résulte un véritable « tampon d'air » décrit par Tissié, lequel s'oppose à l'issue des déchets respiratoires, à l'expiration. Or, précisément, l'essoufflement est avant tout dû aux difficultés d'expiration.

— c) Signalons en outre que non seulement l'inspiration doit être nasale, mais que, pour certains physiologistes, l'expiration doit l'être également. L'air expiré, chargé d'acide carbonique, posséderait des propriétés excitantes dont le passage sur la muqueuse déterminerait, par réflexe, une inspiration plus ample.

— d) Le principe indiscutable qui doit présider à l'éducation respiratoire, est de rendre la respiration nasale en ce qui concerne l'inspiration. Pour l'expiration nous n'admettons point, avec la plupart des physiologistes, reconnaissons-le, qu'elle doive être nasale. Ce sujet étant controversé, nous devons en donner une justification.

Nous avons vu que l'obstacle à la respiration normale pendant l'effort était dû à des difficultés d'expiration, d'élimination des produits inutiles, des déchets engendrés précisément par l'effort. Tout doit donc être mis en œuvre pour faciliter l'expiration. Or l'expiration buccale est certainement plus facile que l'expiration nasale. Tout le monde peut vérifier notre assertion en essayant de souffler une bougie avez le nez et en la soufflant... ensuite avec la bouche. La majoration expiratoire est due dans ce dernier cas à l'intervention des muscles expirateurs accessoires de la face, en particulier des muscles des joues, alors que le nez possède bien une musculature dilatatrice des narines favorisant l'entrée de l'air, mais cet'e musculature ne possède aucune action sur son rejet. Si bien que nous concluerons :

Dans l'effort athlétique, l'inspiration sera nasale, l'expiration buccale — ceci d'ailleurs sous certaines réserves que nous examinerons ultérieurement.

— 2º L'ÉDUCATION RESPIRATOIRE DOIT DONNER A L'ACTE RESPIRATOIRE SON MAXIMUM D'AMPLITUDE. — Une loi physiologique nous apprend qu'une grande inspiration apporte à l'organisme plus d'oxygène que plusieurs petites exécutées dans le même temps.

L'athlète étant un « assoiffé » d'oxygène, doit donc donner à sa respiration le maximum d'amplitude, en exécutant des inspirations profondes. Ces données sont vérifiables au spiromètre, lequel enregistre la capacité pulmonaire du sujet examiné. Cet appareil entrant aujourd'hui dans le domaine de la pratique journalière n'est autre qu'un compteur à gaz, dans lequel le sujet souffle, et qui enregistre sur un cadran le nombre de litres d'air expiré.

Le spiromètre nous a permis d'observer un fait paradoxal, en apparence, dont la description trouve place dans ce chapitre. Examinant un grand nombre d'individus, adolescents ou adultes, athlètes ou non, les ayant auscultés et mensurés, nous les avons mis en présence du spiromètre et avons été amenés à constater ce qui suit :

Certains d'entre eux, possesseurs d'une stature imposante et d'un périmètre thoracique très supérieur à la normale, possédaient une capacité pulmonaire notoirement insuffisante. Tandis que d'autres, bâtis « en peuplier » suivant l'expression de notre maître Landouzy, enregistraient sur le spiromètre une capacité très supérieure à la normale.

Premier paradoxe que nous essayâmes d'infirmer... ou de justifier, centimètre en main. En effet, connaissant le rôle prépondérant dévolu à la souplesse de la cage thoracique dans l'acte respiratoire, nous étions en droit de soupçonner nos athlètes apparents d'être des sujets figés recouverts d'appâts musculaires, sans souplesse costale, partant sans grande incursion respiratoire, donc sans grande ventilation pulmonaire. Et c'est, effectivement, ce qu'il nous fut donné de vérifier. Beaucoup des athlètes en question ne l'étaient qu'en apparence, ou plutôt c'étaient des athlètes musculaires et non pulmonaires. La différence de leur périmètre thoracique, prise en inspiration et en expiration, était notoirement insuffisante. Et cette insuffisance se vérifiait par ailleurs autrement que par des mensurations. Ces sujets étaient incapables d'un effort vrai.

Mais où la question devint pour nous complexe c'est quand, examinant les sujets « en peuplier » à capacité pulmonaire supérieure à la normale, nous leur découvrîmes fréquemment un périmètre respiratoire — différence centimétrique entre l'inspiration et l'expiration — inférieur à la normale.

Nous étions en droit de nous demander alors où l'air allait bien se nicher.

La réponse était en réalité facile et nous l'avons formulée en une phrase qui fait image : On respire avec son ventre.

Le plancher de la cage thoracique est, en réalité, mobile,

et constitué par un muscle dont l'importance dans l'acte respiratoire est primordiale. La mobilité de ce muscle est telle, qu'il constitue un véritable piston mobile dans le sens vertical et susceptible d'agrandir le volume du thorax sans que la cage thoracique participe beaucoup — toutes proportions gardées — à cet agrandissement. Le thorax de ces sujets est comparable à la piste d'un de nos cirques parisiens qui, par suite du jeu de son plancher, se transforme en une importante piscine qui loge un nombre important de mètres cubes d'eau. Et cependant les parois de la piste sont immobiles, l'augmentation du volume étant uniquement fonction de l'abaissement dudit plancher. Ce schéma réalise le type de la respiration abdominale, diaphragmatique, ce muscle refoulant en s'abaissant les viscères abdominaux.

Si nous désirons qu'un sujet présente son maximum d'amplitude respiratoire nous devrons nous inspirer de ces différentes données, dissocier chez lui la part respiratoire thoracique et abdominale et majorer telle ou telle de ces deux parts qui lui manque.

Cette majoration, de même que l'instauration de la respiration nasale, sont avant tout fonction de l'éducation, de l'entraînement.

Il nous a paru nécessaire, avant d'aborder la gymnastique respiratoire de donner le pourquoi de cette gymnastique pour lui fournir s'il en était besoin une justification. Nous pouvons maintenant formuler avec plus d'autorité les premières prescriptions qui apparaîtront ainsi moins anodines.

Gymnastique respiratoire. L'acquisition de la respiration nasale, la majoration de l'amplitude respiratoire ne peuvent venir d'elles-mêmes. Non plus elles ne s'instaureront pendant la gymnastique proprement dite.

L'éducation, a dit François Lebon, a pour but de faire passer le conscient dans l'inconscient. C'est-à-dire que tout acte nouveau, nécessite pendant un temps l'intervention de la volonté. Ce n'est qu'ultérieurement que cet acte s'exécute de façon réflexe, automatique, pour ainsi dire « sans le vouloir ». Il en est ainsi de tous les gestes même les plus simples, acte de descendre un trottoir, de monter un escalier, etc.

L'éducation est d'autant plus parfaite et rapide que la fixation de l'attention est plus intense, ou ce qui revient au même que le geste est plus simple. Il en résulte que si le sujet doit exécuter, concurremment, des mouvements compliqués, la correction de sa respiration sera moins parfaite parce que l'intensité de sa volonté sera « éparpillée » vers des commandements multiples.

L'établissement de l'automatisme sera donc la préoccupation première. Ce n'est qu'après le passage d'une respiration correcte à l'état réflexe que le sujet pourra exécuter en même temps des mouvements des bras du type suédois.

Enfin pendant l'exercice physique intense, pendant le sport, il n'aura pour ainsi dire plus à s'occuper de l'acte respiratoire — et ceci est indispensable — car ce n'est pas au moment de l'envol d'un saut qu'il est possible de réfléchir à la correction de son rythme.

C'est en partant de ces données, en nous inspirant de ces principes, que nous avons été amenés à formuler :

— 1º Exécuter tous les matins, couché, bras au corps, vingt respirations en inspirant uniquement par le nez ;

— 2º Ces respirations seront poussées à fond en distendant au maximum alternativement la poitrine et l'abdomen.

Il est inutile de prolonger cet exercice au delà de vingt respirations.

Ultérieurement, le sujet, dans le cours de la journée, en se rendant au terrain de sport, par exemple, répétera ces mouvements en marchant par petites séries.

En outre, il profitera de la séance d'assouplissement que nous étudierons plus loin, pour surveiller sa respiration. Il le fera, soit concurremment avec des mouvements à grande amplitude, soit comme pause après un exercice physique particulièrement fatiguant. Nous reviendrons ultérieurement sur ce sujet.

❈ ❈

Éducation respiratoire spéciale. — C'est celle qui vise à l'établissement d'un automatisme particulier répondant à des nécessités particulières suivant l'effort physique exécuté.

Aussi reviendrons-nous pour sa description à la classification des efforts que nous avons déjà adoptée.

— 1º EFFORT INTENSE OU EFFORT DE VITESSE. — Les besoins de l'organisme en oxygène sont relativement faibles dans ce type d'effort.

Donc le rôle chimique de la respiration passe au second plan. Or, il faut savoir que pendant la production d'un travail quel qu'il soit, l'idéal serait précisément de ne pas respirer du tout. C'est un idéal d'ordre mécanique, en opposition avec les réalités pratiques de la physiologie, le sujet qui ne respire pas étant voué à l'asphyxie.

La respiration mobilise la région thoraco-abdominale par suite

Fig. 13. — Le suédois Petersen dans le saut en longueur. — Cet
athlète remporta l'épreuve du saut en longueur avec élan aux Jeux
Olympiques d'Anvers (1920).

du jeu de l'inspiration et de l'expiration. Cependant tout effort physique relève du jeu de leviers osseux mus par les groupes musculaires des jambes ou des bras. La force mise en jeu ne vaut que par la solidité de l'appui du levier. Si le point d'appui se déplace, le levier dérape, le geste est imprécis, le travail mal exécuté.

Le point fixe du corps humain en travail est pour une grande part l' « affût » thoracique. Plus cet affût sera solide, meilleur sera le rendement au travail.

D'où le principe, impossible à réaliser dans le plus grand nombre de cas, de ne pas respirer pendant l'effort. A tout le moins de respirer le moins souvent possible.

Dans l'effort intense, l'effort de vitesse, que nous examinons maintenant, *il est possible de vivre sans respirer*. Envisageons comment il faut procéder pour obtenir ce résultat

Avant l'effort, pour fixer les idées, dans la minute qui le précède, le sujet exécute un certain nombre de respiration profondes, complètes, les inspirations ayant pour but d'apporter à l'organisme sa provision d'oxygène maxima, les expirations également poussées à fond, exhalant les résidus d'air de carbonique. Dans cette minute le sujet a respiré « chimiquement » nettoyé le poumon et lui a donné une charge propre.

Au moment même où commence l'effort, le sujet exécute d'un seul coup une inspiration forcée, puis il ne respire plus. C'est donc sur un thorax bloqué, après avoir respiré « mécaniquement » que l'athlète produira l'effort de vitesse dans des conditions optima. L'inspiration forcée qui emmagasine la plus grande quantité d'oxygène réalise également au point de vue mécanique, la meilleure inspiration : Plus le « ballon pulmonaire » est gonflé plus sa rigidité est considérable.

Un tel type respiratoire n'est possible que dans l'effort intense, lequel dure un laps de temps compatible avec la non-asphyxie.

Dans le saut en hauteur, par exemple, c'est au moment de l' « appel », quand le dernier pied frappe le sol que le sauteur exécute une inspiration forcée A ce moment, par le jeu des muscles pharyngolarynges, il « bloque » le thorax en fermant l'orifice glottique. La barre est franchie, il fait sa chute et exécute une expiration. Tout cet ensemble s'est passé en quelques cinquièmes de seconde. Cependant l'expiration est impérieuse non pour des besoins chimiques, mais par fatigue des muscles inspirateurs dont le rôle de bloquage a été considérable et qui ne demandent qu'à « passer la main » le plus tôt possible aux expirateurs leurs antagonistes.

La modalité respiratoire est à peu près identique *dans la course de vitesse*. Les différences proviennent de la plus grande durée de l'effort qui se prolonge pendant plusieurs secondes.

Ici aussi, nous avons les respirations chimiques préparatoires, ici aussi, l'ultime inspiration forcée. Dans le cas présent elle doit être le plus tardive possible car la plongée va être plus longue. Elle répond, au commandement du starter « Attention ! » Elle ne peut correspondre au coup de pistolet lui-même qui, marquant le départ, considère déjà le sujet comme en action. Pendant la course le sujet ne respire pas Cependant il est à noter qu'il doit exister une déperdition gazeuse. Elle s'explique par la quasi-impossibilité de maintenir absolument étanche le clapet glottique. Elle explique que, à une certaine distance de la course, variable suivant le degré d'entraînement respiratoire (on voit par là toute l'importance de cet entraînement), le coureur commence à « flotter » du fait de cette déperdition. Aussi pour prévenir le mal, le sujet exécute vers la fin une superinspiration destinée à « refaire le plein de gaz ». C'est grâce à ce truquage que le « sprinter » éduqué, produit le rush impressionnant qui lui permet, dans les tout derniers mètres, de « laisser sur place » ses adversaires désunis.

C'est l'impression qu'ont ressentie tous les spectateurs des meetings internationaux dans lesquels les athlètes étrangers, mieux entraînés, arrachèrent la victoire de quelques centimètres

Ce que nous avons dit de l'expiration au sujet du saut en hauteur se retrouve ici.

L'expiration est d'autant plus impérieuse, impétueuse, que l'effort a été plus long ; du fait également de la superinspiration qui a produit une superdistension. Aussi l'athlète « éclate » en quelque sorte dès le but franchi. Phénomène que vérifie la plainte, le cri, fonction de la brusque échappée d'air que perçoivent les spectateurs à l'arrivée. Après cette expiration « explosive » et pour un temps, variable suivant l'intensité de l'effort, le rythme s'accélère dans des proportions notables : c'est là en quelque sorte une compensation à la plongée nécessaire.

— 2º Effort intense et prolongé. — Ce que nous avons dit de l'effort intense nous permettra d'être bref. Il semble au prime abord que la respiration, type effort intense, réalisant l'idéal mécanique pendant une distance de 100 mètres, le coureur, arrivé à ce moment, n'ait qu'à exécuter une nouvelle plongée. Il ne saurait en être ainsi dans la pratique. En effet la production du travail a suractivé les « échanges » et à un moment donné que nous avons appelé « cap de l'effort » apparaît impérieusement, par suite de modifications apportées dans les appareils circulatoire et pulmonaire, le besoin de respirer, la soif d'air.

Le cap de l'effort est d'ailleurs variable suivant le degré d'entraînement général, d'entraînement respiratoire du sujet. D'où, précisément l'intérêt de l'entraînement.

Prenons comme type de notre description le coureur de 400 mètres. Tout comme le sprinter pur, il part avec une « inspiration réserve » maxima. Il court sans être pour ainsi dire gêné le moins du monde par sa plongée. A 150 ou 200 mètres du départ la soif d'air se manifeste impérieuse. La supériorité déjà se manifeste en faveur de celui qui, préparé respiratoirement sait « économiser » et rester le plus longtemps sur son souffle initial. A ce moment l'éducation parle encore plus haut. Le sujet non préparé, assoiffé, se précipite en quelque sorte ; il multiplie inconsidérément ses inspirations. Son rythme est sans mesure. Son bloc thoracique est inexistant. Ses forces se perdent. par contre, celui qui sait respirer sait boire « à longues lampées » réparatrices. Dominant ses tendances gloutonnes il exécute ces inspirations profondes qu'il a apprises le matin au lit, bras au corps et qui lui founissent un débit plus considérable d'oxygène cependant que son style demeure correct.

Cependant vient un moment où aucun principe ne peut plus être appliqué. Nécessité, dit le proverbe, n'a point de loi. A 300 mètres du départ, à 100 mètres du but aucune intervention de la volonté ne permet de demeurer sage. C'est l'écueil inévitable du cap respiratoire : il faut en passer par là.

Encore le coureur éduqué trouvera-t-il, dans les derniers mètres de la course, le courage de manier désespérement la commande aux réflexes qui lui permettra de se cramponner et de finir en puissance... et en beauté.

— 3º L'EFFORT RELATIF. — Il autorise l'essai de modalités respiratoires, variables suivant le sujet. Ces modalités s'inspirent cependant de la respiration nasale et ample. Le réglage est possible tant que les coureurs sont groupés « en peloton », « au train ». Cependant qu'ils tournent autour de la piste, les stayers n'ont pas grosse préoccupation psychique. Aussi leur cerveau libre peut-il, doit-il, faire appel au raisonnement. La fin de l'effort relatif est variable suivant que le coureur conserve son allure, pousse le dernier tour ou termine par un sprint.

Chacune de ces modalités imprime son reflet, cela va sans dire, à l'acte respiratoire.

CHAPITRE V

Travail d'assouplissement général

LES DIFFÉRENTES GYMNASTIQUES — On a fait pendant longtemps aux sports athlétiques le reproche de conduire à la spécialisation. Reproche énorme s'il se vérifiait, car l'entraînement aurait pour conséquence de localiser le développement physique à tel ou tel segment du corps au détriment de tel autre segment.

En réalité il suffit de savoir regarder pour observer que tous les gestes athlétiques mettent en jeu l'organisme dans son ensemble. Le coureur s'aide du balancement des bras, sa poitrine se distend. Ce n'est donc pas un spécialiste qui ne se sert que de ses jambes. Pas davantage le lanceur de poids n'est une fronde, une catapulte, un « train supérieur »; son jeu de jambes est manifeste.

Aussi le sujet qui désire pratiquer l'athlétisme doit-il se livrer à un entraînement général.

Le nombre des exercices dits de culture physique est considérable. Il faut prélever parmi eux ceux qui apparaissent nécessaires.

On peut schématiquement diviser les différentes gymnastiques suivant le but qu'elles se proposent d'atteindre. Gymnastique respiratoire, gymnastique de force, gymnastique de souplesse. On peut multiplier la terminologie, mais nous adopterons celle-ci pour la commodité de notre description.

L'athlète doit pratiquer les exercices respiratoires. Nous avons suffisamment insisté sur le sujet pour qu'il soit utile d'y revenir.

INUTILITÉ DE LA GYM-NASTIQUE DE FORCE

La gymnastique de force est-elle indispensable à l'athlète? Lui est-elle nécessaire? A notre sens (et quand on écrit un livre il faut avoir le courage de ses opinions et prendre ses responsabilités) à notre sens, elle est le plus souvent inutile pour ne pas dire nuisible.

Nous entendons par gymnastique de force tout travail physique, quels que soient les moyens employés. qui aboutit à l'hypertrophie musculaire. Gymnastique française aux appareils, levers de poids lourds, etc.

L'athlète qui pratique les sports athlétiques, y compris les lancers qui paraissent cependant être des exercices de force, n'est pas nécessairement musclé. Sans entreprendre un long parallèle, il suffit de mettre en présence un lanceur de disque et un leveur de poids ou un lutteur pour que la différence saute aux yeux. Elle sera plus manifeste encore si nous envisageons l'anatomie gracile, élancée d'un coureur ou d'un sauteur.

Les qualités essentielles de nos athlètes sont la précision du geste et la vitesse d'exécution. Or ces qualités ne sont pas fonction unique du travail musculaire. Cela est si vrai que nos champions sont des hommes à muscles longs, en opposition aux champions de la force qui possèdent des muscles courts. Ces deux variétés présentent chacune des avantages particuliers. Nous ne pouvons entrer ici dans des détails circonstanciés. Cependant nous désirons faire percevoir au lecteur qu'en athlétisme le muscle n'est pas tout. Ce n'est pas l'homme qui s'enorgueillit de mensurations maxima qui peut prétendre au titre de recordman du monde.

Voici vérifiée la première partie de notre proposition, savoir : que l'individu à l'entraînement n'a pas un besoin absolu de se livrer à une gymnastique de force. De là à prouver qu'elle lui est nuisible il n'y a qu'un pas que nous allons franchir.

Ses dangers. Le mouvement est fonction du déplacement des leviers osseux sous l'influence de la contraction musculaire agissant sur une articulation. L'os n'a en quelque sorte qu'un rôle d'exécutant. L'articulation présente, à notre avis, une importance capitale. C'est de sa plus ou moins grande souplesse que dépend la vitesse et l'agilité. Si son fonctionnement est entravé par suite d'un traumatisme, par exemple, le déplacement se fait d'un bloc et l'impotence fonctionnelle est presque absolue. Il en va de même chez les « arthritiques » qui ne passent point précisément pour des sujets rapides ou agiles.

Les leveurs de poids excuseront cette comparaison, mais, en matière sportive, ils nous apparaissent comme des ankylosés relatifs. Cela tient précisément à l'hypertrophie, au tassement du muscle. En effet, l'articulation composée de deux surfaces articulaires destinées à favoriser le glissement possède un manchon fibreux qui unit entre elles ces surfaces.

Par dessus le surtout ligamenteux, et le renforçant, existe une collerette musculaire. Le jour où le muscle « hyperfonctionne » et se rétracte, il diminue le jeu articulaire et l'amplitude limitant le mouvement même qu'il engendre. Et voici, vérifiée, notre deuxième affirmation qui condamne définitivement le travail de force dans la préparation physique de l'athlète.

Si bien que sauf, exception répondant à des indications limitées et spéciales, que nous examinerons ultérieurement, la dominante de la culture athlétique réside dans la majoration de la souplesse.

————

IMPORTANCE DE LA GYM-NASTIQUE DE SOUPLESSE Nous décrirons les mouvements type suédois qui correspondent à la leçon type. Auparavant il nous faut indiquer certaines directives du travail.

* *

L'élongation musculaire. L'allongement de la fibre en est la dominante. Elle peut être obtenue par des exercices de suspension aux différents appareils employés en gymnastique française ou suédoise sous réserve que ces appareils serviront à allonger le muscle non à le contracter.

C'est ainsi que chez certains fracturés, on arrive, par l'extension continue, à vaincre un état de contracture réflexe qui s'oppose à la réduction et que les manœuvres de traction par force ne font que majorer.

La continuité, la permanence de l'élongation engendrent un certain degré de fatigue qui amène la résolution, le relâchement. En matière de contraction, plus fait douceur que violence.

Mais les exercices de suspension ne sont pratiques dans le domaine de la gymnastique, qu'en ce qui concerne le train supérieur où la suspension est facilement réalisée par le secours naturel des mains suspendant l'individu comme par un crochet, le poids même du corps fournissant la résistance de traction.

En ce qui concerne le train inférieur, on est obligé d'avoir recours à un « truquage » qui vainc la résistance musculaire sans avoir recours à un appareillage nécessairement compliqué. Ce truquage réside dans la répétition rapide d'un même mouvement.

Si, en effet, nous mettons le sujet en présence du critère de souplesse qui consiste à lui faire toucher la pointe des pieds avec les extrémités digitales des mains, nous observerons fréquemment une limitation du mouvement due à la prédominance des muscles fléchisseurs postérieurs de la cuisse sur leurs antagonistes extenseurs massés à la face antérieure. Lors de l'essai du mouvement indiqué, le sujet se trouve bridé par des cordes musculotendineuses qui produisent la limitation. La force employée pour la vaincre est vaine et douloureuse.

Faisons au contraire exécuter en vitesse le mouvement prescrit et répétons-le un nombre de fois suffisant, une vingtaine, nous assisterons à l'élongation progressive, et, nous verrons, en quelques secondes que la flexion qui nous était apparue impossible se réalise cependant.

Donc, deux procédés déjà nous sont connus pour per-

mettre à l'individu de récupérer ou de développer sa souplesse : l'élongation d'une part, la vitesse d'exécution d'autre part.

Ajoutons que les résultats obtenus ne sont primitivement que transitoires. Les muscles fatigués, élongés, récupèrent bientôt leur tonicité qui dans les instants qui suivent les ramènent à la rétraction. Ce n'est que par la répétition journalière des exercices appropriés que le résultat peut être maintenu.

* *

La souplesse articulaire. Elle est corollaire de la souplesse musculaire et est fonction de l'amplitude du mouvement.

Prenons l'exemple concret de la circumduction des épaules. Ce mouvement est fonction de la rotation en tous sens de la tête humérale dans la cavité glénoïde de l'omoplate. La tête humérale roulant « comme une bille » dans la « boîte » de la cavité glénoïde.

Si le gymnaste se borne à des mouvements de faible étendue qui n'entraînent pas la tête à fond de course, si, comme dans les exercices de grimper, il se borne à un travail autéropostérieur producteur de muscles périarticulaires, l'amplitude sera extrêmement limitée.

De même si nous avons affaire à un sujet non entraîné. Le travail, métier ou besoin ne met en jeu que quelques faibles mouvements de flexion et d'extension. L'amplitude de la circumduction est nulle. Et ces deux sujets, l'un hyperfonctionnant, l'autre hypofonctionnant, pêchent l'un et l'autre par un défaut analogue : ils sont « noués », expression peu scientifique qui fait cependant image et dit bien ce qu'elle représente.

Ils relèvent l'un et l'autre de la même thérapeutique : le travail à grande amplitude. Pour récupérer leur souplesse originelle il leur faudra, dans l'exemple que nous avons pris, exécuter de grandes circumductions rapides du moignon de l'épaule, faire des mouvements « en aile de moulin » qui agrandiront les limites articulaires habituelles et permettront bientôt une circumduction presque complète. Comme adjuvant, au lieu d'exécuter ces mouvements « à mains vides » ils se serviront d'haltères légers, mieux encore de « massues » ou « mils » qui par leur « ballant » vaincront la résistance artificielle articulaire et périarticulaire agissant de même sorte que l'extension continue.

Ceci précisé, nous pouvons aborder maintenant la description d'une leçon type. Sa dominante, répétons-le, est de majorer la souplesse, partant la vitesse d'exécution.

Ce critère est toujours réalisable. Il l'est plus ou moins rapidement suivant le degré d'ankylose du sujet mais toujours un résultat doit être obtenu, ce résultat n'étant qu'un retour à l'état naturel. Car l'enfant est naturellement souple. Le nourrisson au berceau exécute des gestes dont l'acrobatisme nous laisse rêveur. C'est le travail musculaire mal orienté qui fait notre impotence relative.

LEÇON TYPE D'ASSOUPLISSEMENT

— 1°. Assouplissement du segment cervical (tete et cou)

On le réalise par :

— Flexion en avant ;
— Extension en arrière ;
— Inclinaison latérale droite ;
— Inclinaison latérale gauche ;
— Circumduction.

Ce dernier mouvement n'étant que l'exécution simultanée et combinée de la flexion, de l'inclinaison, de l'extension.

A dire vrai, l'assouplissement du segment cervical est un travail ingrat et dont l'intérêt immédiat passe inaperçu. Par suite des déplacements répétés de la tête, pour les besoins de la vue de relation — vision en premier lieu — les mouvements de la tête et du cou ne se trouvent jamais très limités. En outre, dans le cours de la leçon, il y a toujours participation plus ou moins marquée des articulations en question aux mouvements exécutés. Si une indication spéciale était fournie et qu'on désire majorer particulièrement la souplesse de ce segment, on réaliserait cette indication, par des exercices d'équilibre : ballon, panier, canne tenue en équilibre sur le sommet de la tête, le front, le nez, etc., cet équilibre réalisant une succession de contractions et de relâchement musculaires rapides.

Si une indication spéciale était fournie par l'hypotonicité, le manque de force du segment, on pourrait développer les groupes musculaires locaux, par l'exécution des mouvements prescrits en surajoutant la résistance élastique d'un appareil type « sandow » appliquée par l'intervention d'une fronde céphalique ou minevre.

Mais c'est surtout le travail, de la lutte tête contre tête ou au tapis, le lutteur faisant le pont que l'on arrive à développer le système musculaire de la région cervicale et cervico-vertébrale supérieure.

Le lecteur ne s'étonnera point que nous lui signalions, chemin faisant, quelques exercices majorateurs de force, soit que le sujet auquel s'adressent ces conseils soit un véritable « as musclé » qu'il faut « étoffer » et garnir, soit que le sport auquel il se destine nécessite l'adjonction de certains groupes musculaires. C'est précisément dans le cas présent l'exemple de la lutte qui nous justifie.

— 2º ASSOUPLISSEMENT DU SEGMENT VERTÉBRAL.

On le réalise par :

— Station droite, position du garde à vous ;
    —   flexion du tronc ;
    —   extension du tronc ;
    —   Inclinaison latérale droite :
    —   inclinaison latérale gauche.
— Station avant droite, torsion du tronc à droite du côté de la fente ;
— Station avant gauche, torsion du tronc à gauche ;
— Station écartée, circumduction du tronc ;
— Fente avant droite ou gauche ;
— Fente arrière droite ou gauche extension.
— Station écartée, torsion droite combinée avec flexion droite ;
— Station écartée, torsion gauche combinée avec flexion gauche ;
— Décubitus dorsal (couché sur le dos) flexion en avant ;
— Décubitus ventral (couché sur le ventre) extension en arrière

Nous pourrions multiplier le nombre des mouvements « assouplisseurs » du segment vertébral et faire figurer dans cette liste presque toute la gamme de la culture physique. En effet, l'axe vertébral est le mât de soutènement, la clef de voûte de l'architecture humaine, autour duquel se meuvent tous les autres segments qui ne sont possibles que par sa mobilité.

Il nous faut revenir avec quelques détails sur chacun des exercices énumérés :

La simple station droite n'est qu'une attitude.

Il peut apparaître osé de la considérer comme un travail physique rappelant la phrase de l'humoriste qui prétend que « l'immobilité est encore le plus beau mouvement du soldat ».

On a écrit des pages, presque des livres, sur l'attitude, mettant en opposition la correction française et la correction suédoise.

La station droite si on la considère du point de vue gymnastique, est une attitude statique de contraction musculaire. Elle ne saurait être que transitoire. C'est en quelque sorte une reprise, une concentration, un appel à la tonicité, au redressement des courbures qui a sa place marquée dans toute leçon.

Les exercices de flexion, d'extension, d'inclinaison latérale, quelle que soit la position verticale, station droite, coucher, etc se font avec ou sans participation de mouvement des bras. Exemple :

— Station droite, bras en l'air, flexion du tronc avec participation des bras, les mains venant affleurer le sol à la fin de la flexion.

— Même mouvement mains aux hanches, sans participation des bras, les mains demeurant aux hanches pendant toute la révolution du mouvement

Autre exemple :

— Station écartée, mains à la poitrine, torsion droite combinée avec extension latérale des bras, l'extension atteignant son maximum au maximum de la torsion.

— Même mouvement, mains à la nuque et demeurant à la nuque pendant toute la révolution du mouvement.

Nous considérons comme nul ou presque, le travail du segment supérieur. Il ne figure ici que comme un adjuvant au travail d'assouplissement vertébral. Instrumentation précieuse, pratique et peu coûteuse qui surajoute son action en augmentant l'amplitude par le « ballant » auquel nous avons fait allusion plus haut.

En outre, par un petit phénomène surajouté de volition assez curieux pour que nous en disions quelques mots en prenant un exemple. Dans la torsion combinée avec la flexion en station écartée, si le mouvement est exécuté mains aux hanches par conséquent sans participation des bras, l'amplitude sera beaucoup moins considérable que si l'on complète le commandement disant à l'élève : « Avec la main droite, toucher le pied gauche ». L'objectif précis alors qu'on lui donne à atteindre, majore énormément l'intensité du travail d'élongation. Il ne s'agit pas ici du simple bal-

Fig. 14. — SCHÉMAS DE QUELQUES MOUVEMENTS DE CULTURE PHYSIQUE. = 1. Fente avant. Elévation des bras dans le prolongement du tronc. Exercice d'équilibre. = 2. Mouvement des abdominaux. = 3. Decubitus ventral. Extension du tronc en arrière. = 4. Circumduction du tronc. = 5. Flexion et torsion du tronc. = 6. Elévation de la jambe tendue. Elévation de la cuisse sur le bassin. Circumduction de la jambe.

lant des bras mais de la volonté mise en jeu pour l'obtention du résultat.

De même dans la flexion du tronc en position couchée, l'amplitude obtenue est beaucoup plus considérable quand on demande au sujet, à chaque mouvement, d'atteindre le bout des pieds de l'extrémité digitale des mains.

Ces simples remarques feront percevoir combien l'analyse minutieuse permet de découvrir de modalités aux simples mouvements à mains libres dont on a mis en doute l'efficacité.

Une indication spéciale est ici souvent fournie en ce qui concerne le segment vertébral par le manque de tonicité musculaire.

Ce manque de tonicité est l'auteur responsable des mauvaises attitudes d'abord, des déviations ensuite.

Les déviations relèvent d'une gymnastique orthopédique qui n'a point sa place ici.

La mauvaise attitude est fréquente, même chez l'athlète. Or, elle donne aux leviers un mauvais point fixe. De plus elle diminue l'ampliation respiratoire en limitant le soulèvement des côtes. La cause en réside dans l'insuffisance des cordages préposés au maintien de la rectitude du mat vertébral. Insuffisance en rapport soit avec le manque de force, atrophie, soit dans l'insuffisance de contraction, hypotonicité de certains groupes musculaires. L'équilibre se trouve rompu en faveur d'antagonistes. Hypotonicité ou atrophie relèvent d'une gymnastique correctrice orthopédique quand même, mais non médicale et qui répond aux prescriptions suivantes :

— Station droite, dos au mur, toucher le mur avec le dos des mains sans déplacement des pieds, du tronc, des épaules ;

— Station écartée, bras latéraux, tronc incliné en avant, petits cercles des bras en avant en arrière.

Ce mouvement est renforçateur de l'omoplate lequel participe aux déviations ;

— Fentes avant, fente arrière avec élévation et extension latérale des bras poussées à leur maximum.

Ces différents mouvements pour être producteurs de muscles

doivent être lents et immobiliser le sujet en attitude statique pendant une à trois seconde. La fatigue même qu'ils déterminent témoigne de leur réelle efficacité.

3° ASSOUPLISSEMENT DU SEGMENT INFÉRIEUR. — On le réalise par une série qui met en jeu les articulations et muscles de la jambe et des cuisses et leurs attaches supérieures du bassin :
— Station droite, élévation sur la pointe des pieds ;
    —   élévation de la cuisse sur le bassin ;
    —   élévation de la cuisse avec extension de la jambe
    —   élévation de la jambe tendue ;
    —   extension de la jambe arrière ;
    —   écartement latérale de la jambe (abduction) ;
    —   circumduction de la jambe ;
— Flexion sur les extrémités inférieures;
    —   genoux joints ;
    —   genoux écartés ;
— Flexion sur les extrémités inférieures ;
    —   écartement latéral d'une jambe ;
— Fentes ;
— Flexions du tronc ci-dessus décrites favorisant l'élongation des muscles postérieurs de la cuisse.
— Marches, sautillements, sauts, combinant les exercices précédents.

Nous devons ici, comme précédemment, fournir au lecteur quelques explications.

Le travail général des jambes est la dominante de la plupart des sports athlétiques. Ces sports, essentiellement actifs et rapides, doivent favoriser l'amplitude des gestes, si bien qu'il peut apparaître osé de rechercher l'assouplissement du train inférieur.

Dans la pratique, l'amplitude naturelle se trouve limitée. Cette limitation est due à la prédominance fonctionnelle de certains groupes musculaires dont l'action est plus souvent sollicitée. C'est ainsi que la plupart des sports de progression — courses et sauts — nécessitent un travail sur la pointe des pieds qui hypertrophie les muscles des mollets — plan postérieur — cependant que, relativement le plan antérieur de la jambe est peu musclé. Les cordages postérieurs de la jambe se trouvent donc retractés par la fréquence des contractions. Ce fait n'a pas en soi une bien grosse importance car l'extension de la jambe sur la cuisse est déjà naturellement limité, articulairement parlant, par le jeu du genou lequel ne permet que les mouvements de flexion.

Il n'en va plus de même quand la rétraction postérieure se manifeste à la cuisse, constituant un bloc musculaire peu extensible et qui se tend, comme une corde, de la fesse au talon

·Si le sujet veut exécuter un mouvement de lancer de la jambe tendue en avant (acte de donner un coup de pied ou de franchir la barre du saut en hauteur latéralement) il se trouve limité dans son extension. Et ce n'est plus ici un blocage articulaire, mécanique, qui intervient, car l'articulation de la hanche permet l'extension complète, voire la circumduction C'est le blocage musculaire par hypertrophie, rigidification

Le schéma de la page 103, fera percevoir ce phénomène, analogue à celui que les cliniciens ont décrit sous le nom de signe de Kernig.

Ce schéma montre que l'extension de la cuisse n'est possible que par l'intervention complaisante d'une flexion de la jambe qui détend la corde de l'arc. Mais si l'athlète a besoin d'une extension vraie, non complaisante, non truquée, il ne pourra l'obtenir que par un travail d'assouplissement dont le programme lui a été tracé ci-dessus:

Ce que nous venons de dire, à l'usage des sauteurs, concernant les muscles postérieurs de la cuisse se retrouve vrai en ce qui concerne les coureurs de haies qui, pour passer l'obstacle, doivent l'aborder en abduction de leur deuxième jambe. Cette abduction se trouve le plus souvent limitée de la même sorte par la corde des adducteurs. En effet le jeu normal de la jambe est axial, se faisant dans le sens antéro-postérieur. L'abduction est un mouvement occasionnel, rare, d'où rétraction des adducteurs, d'où — partant — l'intérêt de récupérer leur souplesse par un travail raisonné quand on doit, comme dans le saut de haie, faire appel à l'abduction forcée.

— 4º ASSOUPLISSEMENT DU SEGMENT SUPÉRIEUR. — On le réalise par des mouvements qui peuvent être, soit isolés, soit combinés avec les exercices précédemment décrits.

— Élévation des bras dans le plan frontal ;

Fig. 15. — SCHÉMAS DE QUELQUES MOUVEMENTS DE CULTURE PHYSIQUE. = 1. Élévation des bras à l'horizontale. = 2. Mouvement respiratoire en trois temps : élévation horizontale, antérieure, verticale des bras. = 3. Appui facial tendu, flexion. = 4. Appui facial tendu, élévation alternative des bras. = 5. Appui dorsal élévation alternative des jambes. = 6. Grands cercles des bras. = 7. Station écartée. Petits cercles des bras.

— Élévation des bras dans le sens antéro-postérieur ;
— Écartement latéral des bras ;

Ces mouvements, pour avoir une efficacité, devont être poussés à fond en arrière, et dépasser le plan frontal du corps ;

— Circumduction des bras réalisée par des cercles atteignant la plus grande amplitude possible ;

— Circumduction dans le sens frontal, les bras rasant la face antérieure du thorax et croisant alternativement en haut et en bas.

— Circumduction dans le sens antéro-postérieur réalisant le mouvement « aile de moulin ».

Ces différents exercices exécutés en souplesse et à une cadence vive suffisent à majorer l'amplitude des mouvements du train supérieur. L'action sera plus marquée encore si l'on fait intervenir comme adjuvant les haltères légers, mieux encore les massues.

C'est ici l'occasion ou jamais d'emprunter à la gymnastique musculaire ce qu'elle peut nous donner de bon.

En effet si le canon de l'athlète sportif est imparfait par rapport au canon idéal, c'est par manque de muscles localisés le plus fréquemment au niveau du segment supérieur.

A notre avis, il nous semble préférable que le sujet pèche plutôt par défaut que par excès.

La surcharge-musculaire, entendons-nous bien, musculaire du train supérieur, est dans les exercices sportifs beaucoup plus nuisible qu'utile. Opinion que nous avons un peu vulgairement vulgarisée en disant : « Que fait le garçon boucher quand il veut courir vite? Il pose son panier chargé de viande... et il file ». Cette image nous dispense d'insister plus longuement sauf pour redire une fois de plus, que l'athlète, quel qu'il soit, doit, posséder une poitrine respiratoire.

Cependant tel sujet, jeune, doit s'étoffer, tel autre prendre le jeu de bras nécessaire à son harmonie : quels sont les exercices indiqués pour l'un et pour l'autre ?

— Flexion de l'avant bras sur le bras ;

— Élévation du bras ;

Ces exercices sont exécutés lentement en marquant une position statique avec des haltères demi lourds ne dépassant pas 5 kilogs.

Ces haltères peuvent être remplacés par des résistances de caoutchouc — type sandow — auxquels on peut d'ailleurs reprocher la non-constance de leur résistance.

— Appui avant tendu, élévation alternative des bras

— Appui avant tendu, flexion.

Les exercices en appui sont tout à fait complets comme « majorateurs » du segment supérieur :

Ils mettent en jeu le moignon de l'épaule et sa coiffe musculaire qui, par sa contraction « vigilante » s'oppose à la luxation. Les attaches de l'omoplate et les muscles de la ceinture thoracique postérieure, les pectoraux et accessoires s'opposant à l'écartement des bras, le grand dorsal, les fléchisseurs et extenseurs de l'avant-bras mis en jeu soit par leur contraction propre ou antagoniste lors de la flexion ou de l'extension.

Cet ensemble extrêmement complet est d'ailleurs fonction de la correction de l'appui, lequel doit être étudié le corps en planche et se déplaçant d'une pièce sans aucun truquage compensateur de la colonne vertébrale

On nous dispensera d'insister sur les exercices aux appareils de gymnastique française, essentiellement producteurs de muscles et localisant précisément leur action sur le train supérieur. Le reproche qu'on leur a fait de « déformer » l'individu en l'hypermusclant ne vaut que par l'exagération, par l'exclusivité accordée à ces exercices.

Ce reproche n'entre plus dans la catégorie des inconvénients mais bien des avantages quand, pour des raisons correctrices on recherche, dans un cas particulier, la majoration musculaire.

C'est dans les exercices que nous venons d'énumérer que chacun trouvera — l'orientation une fois prescrite — matière à la leçon d'assouplissement auquel tout athlète, quelle que soit sa valeur et sa spécialisation doit s'astreindre.

En principe cette leçon sera quotidienne, puis sa fréquence diminuera pendant les périodes d'entraînement aux spécialités, au fur et à mesure de la « mise en forme » de l'athlète et suivant la fatigue déterminée par son entraînement spécial

La leçon sera supprimée les jours d'entraînement athlétique proprement dit.

La veille et le lendemain aussi d'une importante épreuve.

Et nous allons pouvoir examiner maintenant comment, éduqué
respiratoirement, coordonné, assoupli, le sportsman pourra pratiquer utilement l'entraînement général à l'athlétisme.

Nous allons pouvoir le faire, d'une façon essentiellement pratique, enfin dégagés de préoccupations théoriques cependant nécessaires à connaître et que nous avons dû énoncer, dégagés également
de la partie un peu ennuyeuse et nécessaire qui constitue la leçon,
l'entraînement !« en chambre » ou à la salle que le lecteur a dû
digérer

CHAPITRE VI

L'entraînement général à l'athlétisme

LA MAUVAISE MÉTHODE C'est celle de trop nombreux sportifs qui, leurs occupations terminées, se précipitent vers le terrain de sport, s'y déshabillent en hâte, revêtent la culotte, le maillot, les souliers à pointe, descendent en piste, exécutent un entraînement formidable et hâtif se rhabillent en vitesse, le plus souvent sans prendre aucune précaution d'hygiène générale, et rentrent chez eux satisfaits. Leur excuse réside dans le peu de temps et de moyens matériels dont ils disposent.

Cependant les conseils que nous allons donner sont d'une application possible et bien différents des habituelles pratiques.

LA BONNE MÉTHODE L'éloignement relatif des terrains oblige la plupart du temps l'athlète à un déplacement. Cette marche imposée n'est pas préjudiciable à l'entraînement. Bien au contraire. Ceci dit sous la réserve qu'elle sera exécutée en souplesse, sans forcer. Faute de quoi le sportsman arrive sur le terrain déjà fatigué, en sueur et quand il se revêtira, son linge de corps, humide, lui constituera un cataplasme assez anti-hygiénique.

Répétition respiratoire. Pratiquée modérément la marche, déplacement obligatoire, peut être considérée comme une mise en train utile qui fait passer la machine du repos relatif à un travail relatif.

Mieux. Notre sujet se trouve de par l'éloignement même des terrains dans des conditions d'hygiène respiratoire qu'il peut et doit mettre à profit. Déjà ses poumons peuvent s'étendre en une atmosphère plus propre, plus oxygénée, plus vivifiante. Déjà il peut exécuter des respirations amples, scandées sur le pas, soigner en même temps que son amplitude le débit nasal. Également soigner la correction de son attitude.

Toutes recommandations d'application facile qui amènent le sportif sur le terrain, non pas fatigué, mais désencrassé — déjà — des scories de la ville.

Assouplissement sur le terrain. En tenue de sport il arrive sur le terrain. Du calme, Il ne doit point s'adonner en glouton à son sport favori. Combien de champions, même entraînés, ont subi le claquage, la déchirure musculaire du fait d'un effort rapide et intempestif.

Ici, c'est la mise en marche qui s'impose. Temps complémentaire de la phase précédemment décrite.

Quel que soit le sport pratiqué, quel que soit le degré d'entraînement, le premier temps de l'assouplissement sur le terrain appartient à la course. Non pas une course quelconque, non pas un effort, mais le travail raisonné des membres inférieurs.

Cette partie de l'entraînement comporte :

— 1º *Le travail des pointes.* — Il consiste en un exercice essentiellement localisé sur le train inférieur. Véritable sautillement exécuté presque sur place et qui ne vise presque pas à la progression. Il consiste en une flexion marquée de la cuisse sur le bassin, la jambe elle-même conservant la position verticale, le pied dans le prolongement de la jambe donnant l'impulsion en hauteur et amortissant la chute. L'allure est faite d'une succession de petits sauts alternatifs d'une jambe sur l'autre, plus ou moins à l'assouplissement des fléchisseurs, et emploie une modalité inverse de celle de la foulée. Le train supérieur ne participe aucunement à l'effort. Il y assiste. Plus encore, il doit s'y plier et être dans un état de relâchement presque complet, dégingandé, désaxé à chaque changement de centre de gravité lequel se déplace d'un pied sur l'autre à chaque sautillement. Cet exercice est doublement fatigant :

Musculairement, puisque le poids du corps, malgré l'amortissement en souplesse porte toujours sur un seul des deux membres inférieurs.

Respiratoirement, parce qu'il met en jeu les grosses masses musculaires des mollets et de la cuisse lesquelles, de par leur volume, ont un important besoin d'oxygène.

De ce fait cet exercice ne saurait être continu ni prolongé. Il doit être coupé de pauses, intercalé d'un travail de sens différent, le travail de la foulée que nous allons décrire maintenant.

— *2º Le travail de la foulée.* — La foulée est en quelque sorte l'inverse de l'attitude précédente. C'est la progression de la course, amplifiée. Elle consiste, au demeurant, en une succession de pas, mieux encore de sauts, le plus grands possibles. Mais sous prétexte d'amplitude, ces sauts ne doivent pas déformer l'allure et doivent être exécutés au ras du sol. La meilleure comparaison que nous en puissions trouver est celle du trotteur qui « steppe » au ras du sol.

Ici, le sujet semble diminuer de taille, se tasser, tandis que dans le travail des pointes, le sautillement en hauteur semblait le grandir.

Le soulèvement de la cuisse n'est plus une hyperflexion sur le bassin, bien au contraire. La cuisse est soulevée à peine, juste assez pour permettre la progression de la jambe. Celle-ci est projetée en avant, comme chez le trotteur. Le train supérieur enfin ne demeure pas inactif : les bras sont animés d'un balancement et participent à la progression. Ce balancement est de nom opposé à celui de la foulée. C'est-à-dire que si la jambe gauche est en avant, le bras gauche est en arrière et inversement, les bras exécutant leur mouvement dans le sens antéro-postérieur parallèlement à l'axe de progression, par un mouvement entier de souplesse dans toutes ses articulations. Aucune raideur, ni dans le moignon de l'épaule, ni dans le coude, ni dans le poignet qui demeurent « flottants »

Fig. 16. — LE FRANÇAIS ANDRÉ MOURLON. — Il est recordman de France du 100 mètres plat en 10 secondes 4/5, performance réalisée au cours du match France-Suisse en 1922, à Genève.

et travaillent sans saccade, comme dans un bain d'huile. Le tronc est nécessairement sollicité à une torsion. En effet, alors que le segment inférieur suit en quelque sorte le sort du membre inférieur correspondant, le segment supérieur participe du mouvement du membre supérieur ; nous venons de voir que leur déplacement était inverse : l'articulation de la cuisse sur le bassin se trouvant entraînée en avant, l'articulation de l'épaule avec le thorax se trouve entraînée en arrière.

Cette torsion est, bien entendu, toute de souplesse. Elle est, nous venons de le voir, extrêmement complexe. Ces quelques détails suffisent à prouver que la course n'est pas comme ses détracteurs le prétendent une simple spécialisation de travail des jambes. Il suffit de regarder le travail de la foulée pour s'en rendre compte. Encore est-il qu'il faut savoir regarder.

Et nous connaissons maintenant les deux types d'allure qui permettent l'assouplissement préparatoire sur le terrain. Il ne nous reste plus qu'à les prescrire.

Exécuter d'abord le travail des pointes, une cinquantaine de sautillements sur piste, en exécutant des mouvements respiratoires à grande amplitude.

Sans arrêt passer au travail de la foulée sur une distance de 100 à 150 mètres, s'arrêter en passant par l'allure du sautillement — une dizaine — repos. Pause respiratoire sur plan avec mouvements des bras. Durée de la pause quelques minutes.

Reprise du même travail une ou deux fois.

Pour fixer mieux encore les idées, disons que ce temps d'assouplissement aura une durée totale de trois à cinq minutes y compris 2 ou 3 pauses intercalaires de 30 secondes environ. L'ensemble peut être exécuté en deux tours d'une piste de dimension moyenne, les pauses correspondant à des petits temps de marche.

Cet entraînement répond à tous les cas, à tous les besoins de l'athlète, quel que soit le sport pratiqué. On sait que les boxeurs se livrent à la course. A plus forte raison les sauteurs et les lanceurs doivent-ils s'y adonner. Cependant bien rares sont ceux qui, même champions, consentent à ce travail prémonitoire nécessaire.

Il va sans dire que si l'athlète est destiné à localiser son travail musculaire dans tel ou tel groupe spécial, tel le lanceur précisément, il doit adjoindre comme travail d'assouplissement un certain nombre d'exercices à grande amplitude comme ceux que nous avons précédemment décrits. Également, exécuter en souplesse, des gestes se rapprochant du geste même qui caractérisera son effort.

De même que le sprinter prendra quelques départs, de même le sauteur sautera au-dessous de son potentiel énergétique, de même le lanceur exécutera quelques lancers sans pousser.

ENTRAINEMENT PROPREMENT DIT

A l'entraînement, l'homme doit être très au-dessous de son record. Le record constitue, en effet, une performance d'exception, irréalisable de ce fait même d'une façon continue.

Nous ne pouvons fournir ici à l'athlète des précisions. Nous devons nous en tenir à des données d'ordre général. Il n'y a pas un entraînement type pour un sujet parvenu au point culminant de sa « forme ». Tout, à ces hauteurs, est fonction de variations individuelles, de phénomènes d'observation, d'adaptation qui constituent la science du manager. Il n'y a plus alors a proprement parler de méthode ou plutôt il en existe une par individu.

Cependant des notions se dégagent de l'observation même des champions, entre autres celle que nous venons d'énoncer ; savoir que dans la grande majorité des cas, l'entraînement ne doit être qu'une miniature de l'effort.

Réduction dans la durée, dans l'intensité.

L'athlète produit, dans sa vie — le grand athlète s'entend — une performance sensationnelle qui est l'aboutissement de toute une carrière d'entraînement ou d'effort. Il la produira tel jour, à telle heure qui peut être au début comme à la fin de son existence athlétique. Et ce ne sera peut-être pas au maximum de son entraînement qu'il sera le meilleur. Le record de la vie est fonction d'impondérables.

A part cette performance météorique, l'athlète produit un record annuel ou saisonnier. Il est vis-à-vis de lui-même meilleur, à tel jour, à telle heure, pendant toutes les années successives de sa vie athlétique.

Mais cette notion du record, raison d'être de l'athlète

Fig. 17. — LE FRANÇAIS PIERRE LEWDEN. — Il est recordman de France du saut en hauteur avec élan avec 1 m. 929. Il réalisa cette performance en 1923, aux championnats d'Angleterre, où il se classa premier.

et de l'athlétisme détruit, par la même, la notion d'un record « chronique » et d'un travail sans cesse suractivé.

Tout ceci, pour imposer le principe qu'à l'entraînement l'athlète ne doit pour ainsi dire jamais pousser. En effet, il faut savoir que, la base même du sport étant l'émulation et la lutte, le sujet doit être entraîné, préparé à la lutte, faute de quoi et, quelle que soit la perfection de son entraînement, il ne pourra imposer en vainqueur sa volonté quand il se mesurera à un adversaire de sa taille.

Et c'est pourquoi, dans le cours des séances d'entraînement, surtout à la période terminale, une place doit être réservée aux handicaps, lesquels, réduits comme distance, sollicitent cependant l'entraîné à s'étendre, à pousser, à prendre notion de sa valeur vraie.

Il nous faut également dans ce chapitre de l'entraînement proprement dit, envisager une importante question : celle de la spécialisation.

Nous ne la traiterons ni du point de vue théorique, social, philosophique même qui nous entraîneraient un peu loin, mais l'envisagerons physiologiquement.

LA SPÉCIALISATION La spécialisation comprise comme elle l'est en sport n'est pas une entité morbide. Jamais un individu n'arrive à localiser son effort sous forme d'un point fixe, d'une idée fixe. A tout le moins la spécialisation n'est jamais assez spéciale pour nuire à l'individu. Même chez l'escrimeur ou le tennisman, le travail unilatéral n'est assez intense, assez localisé pour ne mettre en jeu que des rouages locaux, à l'exclusion, au détriment des autres.

Et l'athlétisme est loin d'être aussi « localisateur » que l'escrime ! Ce que nous avons dit de l'allure du coureur à pied, cependant si décrié comme spécialiste, témoigne de la participation totale de l'organisme à la production. Et ceci se retrouve, majoré, dans les autres sports et gestes que nous décrivons en détail dans un autre ouvrage (1).

HYGIÈNE DE L'ENTRAINÉ Nous traiterons ici de l'hygiène sur « le terrain », réservant un chapitre à l'hygiène générale, alimentation, etc., qui nous permettra de nous étendre sur tel ou tel côté spécial de la question.

Mais voici l'entraînement terminé, n'abandonnons point notre athlète sans avoir pris position, dès ici, en lui faisant remarquer que sa tâche n'est pas terminée.

Il lui reste à nettoyer la machine qui vient de produire son effort. Ce nettoyage se résume, sur le terrain en deux soins importants :

Le massage ;

L'hydrothérapie.

L'un et l'autre seront plus ou moins précis, car dans l'état actuel du sport en France il y a une importante marge entre la perfection américaine et notre à peu près.

Mais nous avons voulu marquer ici avant de nous étendre sur ce sujet que massage et hydrothérapie sont, pour nous, aussi importants que l'entraînement lui-même.

---

(1) Voir les *Sports athlétiques*, par le D Bellin du Coteau et Maurice Pefferkorn.

CHAPITRE VII

Hygiène de l'athlétisme

Nous ne pouvons envisager ici la question dans son ensemble, mais il nous est facile de donner, succinctement, les notions d'hygiène générale et spéciale indispensables à connaître par le pratiquant.

Celui-ci peut être envisagé sous deux aspects, selon qu'il s'adonne aux exercices sportifs comme distraction ou par des besoins d'entraînement physique général, ou qu'il vise la conquête d'un record ou d'un championnat. Dans ce dernier cas il lui faudra s'astreindre à des règles d'hygiène spéciale — alimentation, massage, etc. — qui ne sont point de mise chez le sportsman amateur.

Il nous est apparu que, en France du moins, et sauf quelques très rares exceptions, l'hygiène de l'entraînement était délibérément laissé de côté.

Notre étude, succincte répétons-le, portera sur :

— L'alimentation ;

— L'hydrothérapie ;

— Le massage.

— Enfin nous dirons quelques mots de la cure de désintoxication et de la vie de l'athlète.

L'ALIMENTATION Le principe général de l'alimentation de l'homme à l'entraînement est d'être une alimentation à rendement optimum, le combustible employé n'étant pas indifférent. L'aliment est introduit dans l'organisme, transformé en produits assimilables, absorbé sous cette forme, utilisé ou mis en réserve. Plus l'aliment est « immédiatement » assimilable, meilleur il est. Cependant il faut savoir, quelle que soit la facilité et la vitesse d'une assimilation, qu'un « temps mort » important est toujours nécessaire. On court — a-t-on dit — avec sa nourriture de la veille. C'est là une vérité qui doit être présente à l'esprit du sportsman pour l'empêcher de « se bourrer » avant une épreuve, pratique qui offre l'inconvénient de l'alourdir sans aucun bénéfice.

Ceci posé, nous allons examiner le problème alimentaire sous une forme plus sportive que physiologique. Autre remarque : une modification au régime habituel, suivi depuis des années, n'est pas sans apporter une certaine perturbation dans l'organisme, partant dans la forme du sujet. Celui-ci doit donc apporter des modifications progressives à son alimentation. Il doit également vérifier par la balance l'action de ce régime sur la courbe du poids.

Aliments énergétiques. On peut donner ce nom à tout un groupe d'aliments producteurs d'énergie. C'est-à-dire dont la totalité se transforme presque intégralement en chaleur, donc en travail. Ils présentent de ce fait un autre avantage c'est de se consumer presque entièrement et sans produire de déchets.

De cet ordre les sucres, en premier lieu, les sucres de fruit, le miel, le sucre ordinaire et les aliments sucrés.

Les pâtes, les farines et farineux, les féculents, le pain.

Tous ces aliments sont absorbés avec facilité. Les corps gras, également énergétiques, doivent subir une élaboration plus complexe et sont moins immédiatement assimilables.

Aliments énergétiques spéciaux. — Nous désignerons ainsi la viande ou plutôt les viandes. Contrairement au préjugé généralement admis, celles-ci n'ont pas une grande valeur alimentaire. De toutes façons, la viande doit subir avant d'être absorbée, des modifications nombreuses.

C'est une alimentation à déchets importants et qui encrasse notablement l'organisme. Enfin la physiologie nous apprend que le muscle est précisément le lieu d'accumulation des produits de déchets, qu'il s'agisse de l'homme ou de l'animal. Or le carnivore emprunte à l'animal, en même temps que sa viande, les produits de déchets personnels à cet animal, en général fatigué, quand on le sacrifia aux abattoirs. L'étude comparative du végétarisme et du carnivorisme nous entraînerait trop loin. Ce que nous venons de dire semble condamner définitivement le régime carné. Mais il faut savoir que, malgré ses inconvénients, la viande possède des avantages réels, indiscutables. Entre autres — fait qui nous intéresse plus particulièrement — celui de présenter une action stimulante sur le système nerveux. C'est une alimentation « vite ». Faisons-nous mieux comprendre en signalant que les félins, animaux à détente, sont des carnassiers. Opposons-leur les ruminants, végétariens stricts, tels les bovidés, qui produisent un travail lent, puissant et continu.

Le poisson doit être rapproché de la viande, dont il ne possède point les inconvénients. C'est un aliment parfait.

Les œufs sont proches du poisson, alimentairement parlant.

* *

Aliments à faible valeur énergétique. Ils comportent les légumes verts, caractérisés avant tout par leur forte teneur en eau (jusqu'à 90 pour 100 de leur poids).

Ce sont des produits sans valeur énergétique, utiles en ce qu'ils désencombrent mécaniquement ; on a dit avec juste raison de certains d'entre eux qu'ils étaient le « balai de l'intestin ». On aurait pu ajouter que l'eau qui les imprègne contribue au désencrassement rénal.

A côté de ces aliments, nous dirons quelques mots des boissons.

* *

Les liquides. A part le lait qui, pris en quantité suffisante et sucré, constitue une alimentation rationnelle, les liquides n'ont pas de valeur alimentaire propre.

Le bouillon — très vite assimilé — est un animateur transitoire. Il en faudrait cent litres pour constituer une ration.

En réalité les liquides remplissent deux fonctions : ils

lavent et nettoient. Ils maintiennent l'équilibre « liquidien » de notre corps qui perd chaque jour par évaporation, etc., une partie de son poids en eau.

L'alcool et les boissons alcoolisées possèdent des propriétés thérapeutiques. Ce sont des médicaments toxiques comme tous les médicaments et qui possèdent des propriétés excitantes indéniables. Cette excitation est toujours suivie d'une phase de dépression qui a fait dire à Liébig, avec juste raison, que l'alcool était une lettre de change sur la santé.

Le vin est une boisson trop « nationale » pour qu'il soit permis d'en médire. Étendu d'eau raisonnablement il ne présente aucune nocivité.

Il en va de même des autres boissons peu alcoolisées.

Les tisanes sont un utile prétexte à absorber du sucre. Elles favorisent le lavage rénal par les traces de sel de potasse qu'elles contiennent.

❧ ❧

Les condiments. Ils sont pour la plupart — le sel au premier chef — des encrasseurs d'artères.

La toxicité des produits sans valeur alimentaire propre — café, thé, etc., n'est plus à démontrer.

Cette rapide revue nous conduit à certaines déductions pratiques concernant l'alimentation du sportsman.

— 1º La dominante de l'alimentation sera hydrocarbonée — sucre et féculents. Aliments si nécessaires, si faciles à absorber qu'ils constituent tout naturellement la base de la ration d'entretien et de la suralimentation. Tout homme à l'entraînement doit ingérer en supplément de prises habituelles huit à dix morceaux de sucre, à prendre sous la forme qui lui convient ;

— 2⁰ Le régime carné correspond à un travail de vitesse et de détente. Ce sera celui du coureur de petite distance et des sauteurs qui produisent en un temps si court qu'on ne peut se préoccuper de la question encrassement ;

— 3⁰ Le régime végétarien répond aux efforts de fond. Apportant un minimum de toxines, il répond aussi à la cure de désintoxication, laquelle doit suivre toute période d'entraînement intensif.

Tel est, schématiquement, le programme alimentaire du « travailleur » sportif.

———————

L'HYDROTHÉRAPIE — Ici également nous devons nous limiter à des données générales.

Le sportsman peut demander à l'hydrothérapie la propreté corporelle qui doit se trouver majorée du fait des éliminations cutanées, augmentées par l'effort.

Sachons à ce propos que l'hydrothérapie pure et simple est insuffisante pour réaliser le « décapage » mais qu'elle doit se compléter d'un savonnage énergique.

Le domaine de la pratique, dans lequel nous sommes limités, nous oblige à constater, que dans la grande majorité des cas le sportsman ne dispose d'aucune installation.

Aussi bien, quelques grands Clubs possèdent un appareillage, mais leur nombre est restreint et l'installation même, insuffisante. Mieux vaut ne point risquer la comparaison avec ce qui existe à l'étranger.

Une note domine l'hydrothérapie de l'athlète. Elle ne doit point être froide, le froid ayant sur la fibre musculaire surchauffée par l'effort, une influence désastreuse, que les courbatures, sans aller plus loin, signalent à l'attention.

Elle ne doit point être brutale, c'est-à-dire que sauf indications spéciales, la douche ne doit point être en jet, mais en ruissellement.

Elle ne doit pas être prolongée sous peine de déterminer une fatigue, une dépression générale.

Ces réserves faites, nous pouvons conclure qu'un tub et un récipient contenant une quinzaine de litres d'eau tiède ou chaude permettent de réaliser suffisamment l'hydrothérapie de l'athlète. Une grosse éponge permet le ruissellement sous forme d'une vingtaine d'affusions.

Pour en obtenir un maximum d'effet utile il faut prendre le tub le plus tôt possible, après l'effort, jamais avant.

LE MASSAGE   Le massage est indispensable à l'homme qui pratique l'athlétisme.

A notre avis il fait partie intégrante de son entraînement. Faute d'y recourir, on ne tirera du travail sportif que des résultats incomplets. A plus forte raison sera-t-il impossible de produire des performances exceptionnelles.

Soulignons que le massage peut être réalisé sans le secours d'un masseur, par le sujet lui-même : il ne s'agit là que d'une petite éducation prémonitoire qui se perfectionne de jour en jour.

Il n'y a pas un massage, mais des massages répondant à des buts différents :

Le massage qui précède l'effort doit amener dans les segments qui vont fournir cet effort une circulation plus active. Il doit être relativement superficiel pour ne pas fatiguer par avance le sujet ; de ce fait il ne doit jamais être prolongé ;

Le massage d'entretien, celui que peut réaliser précisément le sujet lui-même, sert d'intermédiaire entre le précédent et celui dont nous allons parler. Étant donné sa fréquence — il peut être journalier — il ne saurait être trop intense ;

Le massage-désencrassement suit l'effort, au plus près ; il doit pétrir les masses musculaires, exprimant en quelque sorte les toxines qu'il déverse dans la circulation. Il ne saurait sous ce prétexte être ni brutal ni douloureux. Il peut se compléter du massage des organes internes y compris celui du cœur que nous nous bornerons à signaler.

LA CURE DE DÉSINTOXICATION

La lecture des pages précédentes nous a déjà fourni certaines données sur les directives de la cure de désintoxication. Nous avons donné cette appellation à l'ensemble des pratiques hygiéniques qui doivent suivre l'effort et hâter le désencrassement de l'organisme.

Elle sera, bien entendu, réservée à l'effort vrai et son intensité sera proportionnelle à l'intensité de cet effort. Elle n'est point sans déterminer une certaine dépression physique qui impose de la pratiquer avec ménagement.

Cette cure de désintoxication peut être comprise de la façon suivante :

Fig. 18. — LE FRANÇAIS WIRIATH. — Il est recordman de France
du 1.500 mètres plat en 4' 1'' 8/10

— 1⁰ Hydrothérapie superficielle décapant la peau ;

— 2⁰ Massage-désencrasseur profond ;

— 3⁰ Hydrothérapie vraie ou balnéation chaude ;

— 4⁰ Cure de lavage. Elle consiste à absorber des boissons diurétiques aux repas qui suivent le travail physique, également dans les jours suivants le matin à jeun (deux verres d'eau de Vittel par exemple) ;

— 5⁰ Déblayage intestinal sous forme d'un purgatif laxatif au lendemain de l'effort ;

— 6⁰ Réduire l'apport alimentaire de toxines en ayant un régime végétarien réduit.

LA VIE DE L'ATHLÈTE Elle ne saurait être comparée à celle de nos ancêtres grecs dont l'historique de ce livre a donné l'idée.

Les exigences sociales font que nos amateurs ont, du fait du travail journalier, des dépenses énergétiques extra-sportives auxquelles les efforts sportifs viennent se sura-jouter. C'est sans doute la cause primordiale de l'infériorité des athlètes français dans les compétitions internationales.

Dans la journée des trois huit (huit heures de travail, huit heures de repos, huit heures de sommeil), le sport trouve sa place dans les huit heures de repos. Simple remarque qui dicte au sportsman sa conduite.

Ce n'est qu'avec une vie régulière, un sommeil réparateur qu'il pourra s'offrir le luxe d'un surmenage, excellent en soi, mais qui deviendrait un surmenage véritable si des fatigues

Fig. 19. — LE FRANÇAIS WILHELME. — Recordman de France du saut en longueur avec élan avec 7 m. 08.

surajoutées majoraient les dépenses ; et l'équilibre budgétaire se trouverait rompu.

A rapprocher de ces fatigues inacceptables, les toxicomanies, dont l'usage du tabac, absolument incompatible avec la pratique des sports en général, plus particulièrement des sports athlétiques. Dans le cas spécial du tabac, poison des nerfs, du cœur, l'intoxication — aiguë ou lente — prive l'intoxiqué d'une part notable de ses moyens naturels.

CHAPITRE VIII

Le sport et la femme

Les sports athlétiques (du grec athlos), — combat — s'ils sont véritablement athlétiques, sont l'apanage de l'homme.

L'évolution actuelle a vulgarisé le sport chez les jeunes. Les femmes, elles-mêmes, pratiquent la course, les sauts et les lancers. La question, qui semble jugée de ce fait, vaut cependant qu'on s'y arrête.

En la matière deux ordres de facteurs sont à considérer : le sport lui-même, celle ou celui qui le pratique. Ce que nous avons dit des efforts et de la violence de certains d'entre eux nous permettent donc ici de conclure :

Certains exercices sportifs doivent être rigoureusement interdit aux femmes et aux enfants qui physiologiquement sont incapables d'en triompher. De cet ordre sont les exercices intenses et prolongés, type 400 mètres. Cette prohibition doit être définitive et ne subir aucune exception.

En ce qui concerne les autres efforts : intense, (type effort de vitesse); intense et relatif; effort de fond, ils pourront être autorisés après un examen médical — absolument indispensable chez la femme et l'enfant — et en adaptant l'effort à la constitution physique du sujet.

Quelle que soit la robusticité apparente ou réelle de la femme et de l'enfant, ils sont par rapport à l'homme, plus encore par rapport à l'athlète, des « amoindris » physiques. Jamais les records féminins ou infantiles ne seront des records du monde.

Cette notion domine l'athlétisme spécial ; hors d'elle il n'existe point pour eux de salut.

Étant donnée la psychologie, pour ne pas dire la mentalité spéciale de la femme et de l'enfant, une réglementation draconienne s'impose dont la législation... et les pénalités appartiennent aux pouvoirs compétents.

Justifions encore notre intransigeance en examinant successivement l'enfant et la femme dans leurs attributions physiologiques.

L'enfant est un être en évolution. Il doit, avant de faire les frais d'exercices athlétiques, employer sa nourriture à grandir et à grossir.

Il appartient à la culture physique de le modeler.

Le sport sera chez lui « éducatif ». Il doit apprendre — il faut les lui apprendre — les gestes athlétiques, essentiellement utilitaires. C'est l'âge de l'éducation sans effort. De bons principes acquis dans la jeunesse permettront à tous de se bien mouvoir dans la vie, à l'élite de faire triompher nos couleurs dans les compétitions internationales.

L'enfant a un cœur. Majoré par des pratiques sportives véritables, il s'hypertrophie. Son organisme ne suit pas.

Ce sera un malade quelquefois définitif.

C'est là un gros danger que précisent certaines caractéristiques infantiles.

La résistance à la fatigue créant l'inconscience de l'effort, il faut savoir — le fait a été scientifiquement établi, — que l'enfant est proportionnellement plus résistant que l'athlète. Il suffit de regarder le petit chien bondissant après sa mère et la harcelant, pour en être convaincu.

Les qualités physiques « naturelles » de l'enfant, souplesse, vitesse, détente, besoin de mouvement, le prédisposent suffisamment au surmenage pour qu'il soit assez inutile d'organiser celui-ci et de le majorer. L'esprit d'émulation pousse l'enfant à battre tous les records, y compris ceux qu'il ne peut attaquer.

La femme ne diffère pas de l'enfant, au point de vue prohibitif s'entend.

Sa poussée évolutive est faite et n'intervient pas dans le débat. Ce sont d'autres raisons *qui doivent l'éloigner de la pratique athlétique.*

Le professeur Pinard synthétise physiologiquement la femme d'un mot. Elle est pour lui le « support de l'espèce ». Ajoutons que cette empreinte n'est pas perceptible uniquement pendant la gestation, mais en dehors d'elle. Anatomiquement, la femme est dominée, toute sa vie, par son bas-ventre.

Ce bas-ventre est fragile autant que précieux. Il doit donc, avant tout, être ménagé et renforcé, s'il est possible.

Il ne saurait être renforcé par les exercices sportifs. Non renforcée abdominalement, la femme souffrira immédiatement ou ultérieurement des sports athlétiques. Leur violence — athlos, combat (ne l'oublions pas), — est incompatible avec l'habituelle gracilité féminine.

Sous la réserve d'une majoration physique à obtenir par tel ou tel procédé gymnastique dont l'étude n'a point place ici, la femme pourra, sous certaines réserves, pratiquer certains sports dans certaines conditions.

Les efforts à interdire à l'enfant sont à interdire à la femme. Comme chez ce dernier, la résistance est insuffisante. En outre, mise en présence d'un travail de force et ne présentant pas l'originelle souplesse infantile, la femme s'enlaidit. C'est un critère qu'on doit lui signaler en toute franchise et qui suffira à modérer son impulsivité dans laquelle la mode apporte son facteur d'emballement.

Le sport chez la femme sera surtout éducatif, conservateur, majorateur de souplesse, utilitaire aussi.

Mais il devra être pratiqué avec un « appareillage » spécial, tant en ce qui concerne les engins sportifs (poids, disques, etc.), qu'en ce qui concerne les terrains. C'est ainsi que les chutes des sautoirs doivent présenter une élasticité parfaite pour que l'exercice du saut puisse être toléré.

Cet exposé de la pratique du sport chez la femme et l'enfant nous permet de conclure par les précisions suivantes

ENFANTS : Vitesse : 40 à 60 mètres suivant l'âge ;
        Demi-fond : interdit ;
        Fond : 500 à 1000 mètres ;
        Lancers : avec le poids de 3 à 6 kilos ;
            disque de 1 kilo.
            javelot de 1 m. 50 ;

(Ces derniers exercices à surveiller)

Sauts : en longueur ;
        en hauteur ;
        de haies de 60 centimètres ;
Cross : ne dépassant pas 2 km.

FEMMES : Vitesse : 60 à 100 mètres ;
Demi-fond : interdit ;
Fond :   800 à 1200.
Lancers : poids 3 à 6 kilo.
        disque 1 klio.
        javelot réglementaire ;
Sauts :   longueur et hauteur ;
        haies de 0 m. 90 ;
Cross :   ne dépassant pas 5 km.

Nous reconnaissons volontiers que ceux et celles qui ont en France, la charge de la direction du sport féminin comprennent fort bien l'importance du rôle éducateur du sport chez la femme. Mais, à des signes certains, l'on s'aperçoit qu'ils commencent à être débordés.

On ne peut concevoir pratiquement le sport sans la compétition. Or la compétition est une source de luttes incessantes, d'efforts complets, de gestes excessifs. En cela elle est néfaste pour la femme comme pour l'enfant, tout au moins en l'état actuel des choses.

D'autre part, la compétition est publique ; et sa publicité même la rend plus âpre par l'intérêt qu'y portent les spectateurs, par l'enjeu aussi de ces combats. Rien de tel qu'un championnat, pour obliger les athlètes à donner toute la mesure de leurs moyens, et même davantage.

Ce maximum, ce sur-maximum, nous devons éviter de les demander aux organismes féminins.

Si nous nous placions à un point de vue social et philosophique nous aurions d'autres raisons de redouter de voir les mœurs sportives des hommes s'acclimater chez les femmes.

Mais ceci est une autre histoire...

TABLE DES MATIÈRES

152-24. — Paris, Imp. L. Pochy et Fils, 52, rue du Château.

9 782329 774954